In seiner Freizeit
las der Angeklagte
Märchen

Georg Seidel

In seiner Freizeit las der Angeklagte Märchen

P r o s a

Herausgegeben von
Elisabeth Seidel und
Irina Liebmann

Mit einem Nachwort von
Irina Liebmann

Kiepenheuer & Witsch

© 1992 by Verlag Kiepenheuer & Witsch, Köln
Alle Rechte vorbehalten. Kein Teil des Werkes darf in irgendeiner Form
(durch Fotografie, Mikrofilm oder ein anderes Verfahren) ohne
schriftliche Genehmigung des Verlages reproduziert oder unter
Verwendung elektronischer Systeme verarbeitet, vervielfältigt oder
verbreitet werden
Umschlag Rudolf Linn, Köln
Umschlagmotiv Georg Seidel
Satz Froitzheim, Bonn
Druck und Bindearbeiten Clausen & Bosse, Leck
ISBN 3-462-02177-X

Inhalt:

Als wir sahen 9

Register 11

Kollegen und Freunde des Theaters 43
   Professor und Dichter 47
   Komödiantenfrühstück 59
   Seit gestern probier ich den Hamlet 61
   Dichter mit MP 63
   Auferstehung 67

Sie müssen nach Dessau fahren 69
   Sie müssen nach Dessau fahren 71
   Man darf nicht nachgeben 73
   Frau 1 79
   Frau 2 80
   Menschengehirn im Bauch einer Milchkuh ... 81
   Babucke wollte früh nach Wernigerode fahren . 85
   Harzreise 87
   Kurz vor fünf war Babucke aufgestanden 91
   Felix Satan 93
   Treppenlicht 95

Überall Staub und die Tapeten
lösen sich auch schon von den Wänden 97
   Babucke 1–6 99
   Pilot 109
   Trainer 113
Ich begreife nicht 123

Nachwort von Irina Liebmann 125

Als wir sahen, daß es nichts zu sehen gibt, weil wir nur sahen, was wir immer zu sehen kriegen, da dachten wir, das also denken sie, die uns sehen, immer das gleiche, verwandelten uns augenblicklich in Regenwürmer und verschwanden im Erdreich, wurden aber mit Hilfe von Starkstromstößen ans Tageslicht zurückbefördert, sahen die Sonne, freuten uns über den schönen Frühlingstag und wußten trotzdem: Eine richtige Geschichte ist das auch nicht. Dann gingen wir Brot kaufen, um uns eine Brotsuppe zu kochen. Als wir aber das Wasser sahen, wurde uns so schlecht, daß wir Bier trinken mußten. Vom Bier bekamen wir einen Schädel, der so groß war, daß wir nicht mehr durch die Kneipentür ins Freie kamen. So blieben wir also in der Kneipe. Da sitzen wir noch.

Register

1.

Ein Mann lag im Bett, um zu denken. Aber er wußte nicht, was er denken sollte, einschlafen konnte er auch nicht. Seine Frau, die ihm vielleicht ein tröstendes Wort gesagt hätte, war noch auf der Parteiversammlung. Zum Glück, sagte der Mann, tut mir das Kreuz weh, so ist wenigstens was.

2.

Diese Künstler, sagte Herr Depner, immer wollen sie Kunst machen. Aber Herr Depner hörte nicht, was er sagte, denn er war taub. Sehen konnte er auch nichts, denn er war blind. Dafür fiel er seiner Schwester, einer Frührentnerin, mächtig auf die Nerven mit seinem Gerede. Siebenundneunzig Kilometer weiter schöpfte ein Herr Babucke Jauche, eine Arbeit, die eigentlich nicht zu ihm paßte. Er war Chemielehrer, der sich ein alleinstehendes Haus gekauft hatte. Also schöpfte er Jauche.

3.

König Ubu hatte Bauchschmerzen. Da ging Mutter Ubu zu Alfred Jarry und sagte: Mein Mann hat Bauchschmerzen, darum muß er jetzt immer so gebückt gehn, aber er ist der Größte, was jedermann sehen soll. Beschaffen Sie ihm einen Arzt, der ihn wieder aufrichtet. Da sagte Alfred Jarry: Geben Sie nicht so an, die Touristen kommen nicht wegen Ubu nach Paris, sie wollen nur den Eiffelturm sehen. Als König Ubu das hörte, wollte er sofort den Eiffelturm in die Luft sprengen. Aber das Touristenamt war dagegen, und Ubu, der die Sprengladung schon hatte, sprengte kurzerhand Polen und Rußland in die Luft. So wurde der Eiffelturm gerettet.

4.

Aus Versehen hatte der Geschichtslehrer, der ein Freund war des Chemielehrers, der in seinem alleinstehenden Haus immer noch Jauche schöpfte, auf einem Empfang für alle guten Geschichtslehrer den Minister F. umgebracht mit seinen Herztropfen. Er hatte die Herztropfen in sein Weinglas geschüttet, und der Minister, der gleichzeitig ein zerstreuter Professor war und in allem der Geschichte ergeben, hatte sich dieses Glas gegriffen und in einem Zug ausgetrunken. Zwei Stunden später war der Minister tot. Der Geschichtslehrer hatte nun selber Geschichte gemacht, wußte aber nicht, wie er das seinen Schülern beibringen sollte, darum sagte er nichts, zumal der neue Minister ein ebenso zerstreuter Professor und ebenso der Geschichte ergeben war wie der alte. Es hatte sich also gar nichts geändert. Auch im Leben des Geschichtslehrers hatte sich gar nichts geändert. Er liebte in Gedanken die Frau des Direktors, schrieb ihr Briefe, die er aber niemals abschickte, weil er, wie er sich sagte, zum Handeln nicht berufen sei. Nur manchmal ging er zum Chemielehrer und half ihm, die Jauche, die aufgrund vieler Wolkenbrüche stark verdünnt war, mit Regenwasser zu schöpfen. Drei Jahre später starb der Geschichtslehrer an Herzversagen, und der Chemielehrer mußte allein Jauche schöpfen. Ewig sich gleichbleibende Inhalte, sagte er und schlug ein Wildkarnickel tot.

5.

An einem Donnerstag durfte Filippi in die Schweiz fahren. Weil Filippi schon siebenundvierzig Jahre alt war und in diesen siebenundvierzig Jahren vieles, was er erleben mußte, gut vergessen gelernt hatte, konnte er sich nach seiner Schweizreise nur noch daran erinnern: An einem Donnerstag bin ich um vierzehnuhrfünfunddreißig in die Schweiz geflogen und war zehn Tage später um zwanziguhrvierzig wieder zu Hause. Das Flugzeug hatte dreiundneunzig Minuten Verspätung, der Omnibus elf. Aber das wußte er auch nur, weil er in der Schweiz war und sich dort so an den Anblick von Uhren gewöhnt hatte, daß er jetzt nicht mehr darauf verzichten wollte, also pausenlos seine Armbanduhr anstarrte, die er vor ungefähr neun Jahren von seinem Onkel, einem Schornsteinfegermeister, geerbt hatte.

6.
Liguda hatte das Speerwerfen gewonnen. Am anderen Tag stand in der Zeitung: Liguda hat das Speerwerfen gewonnen.

7.
Eine ungeheure Geschichte machte seit Tagen Schlagzeilen in der Weltpresse. Der Erfinder der Sklavensprache, der sich auf seinen Landsitz, ein Schloß mit Fußbodenheizung zurückgezogen hatte, schrieb jetzt Gedichte. Eins ging so:
Brodelschatza
kansomorsko
Humus, Humus.
Viele Staatsoberhäupter waren beunruhigt. Darum wurde das Schloß mit der Fußbodenheizung und dem Erfinder der Sklavensprache in Brand gesteckt. Ein Feuerwehrmann, der gleichzeitig die Löschwasserschläuche mit Scheuerlappen verstopfen mußte, glaubte bemerkt zu ha-

ben, der Erfinder der Sklavensprache sei aus seinem brennenden Schloß entkommen und im Weltmeer untergetaucht. Daraufhin wurde die U-Boot-Produktion, die angeblich wegen Stahlmangel eingestellt worden war, wieder in Gang gesetzt. Das brennende Schloß wurde ans Fernwärmenetz angeschlossen. Ein gewisser Herr Begand arbeitete bis zu seinem Tode in der Graugußdreherei der U-Boot-Fabrik. Seine Frau war endlich mit ihm zufrieden, denn er brachte jetzt aufgrund der Schmutzzulage einen ordentlichen Lohn nach Hause, und täglich eine Flasche Milch für seine Gesundheit. Jedenfalls mußte sie sich nicht unbedingt schämen vor ihrer Friseuse, deren Mann Kellner war und sich hocharbeiten wollte zum Gaststättenleiter. Aber soweit kam es nicht. Der Kellner verendete elendig in einer Trinkerheilanstalt, wo er sich mit einer ehemaligen Kaltmamsell angefreundet hatte, die ebenfalls schwer unter dem Alkoholentzug litt. Aber das war lange nach Herrn Begands Beerdigung, der trotz Milch und guter Worte an einem Lungenleiden verstorben war, und auch lange nach Frau Begands Beerdigung, die beim Aussteigen aus dem Autobus von einem Panzer überrollt worden war, so daß sie keinen Genuß ziehen konnte aus dem traurigen Ende des ehrgeizigen Kellners. Vom Erfinder der Sklavensprache fehlte unterdessen immer noch jede Spur. Wahrscheinlich ist er doch verbrannt in seinem Schloß mit Fußbodenheizung, sagten die einen. Wahrscheinlich gibt es noch zu wenig U-Boote, sagten die andern. Um den Weltfrieden zu erhalten, gab man beiden Parteien recht, was wiederum so große Schlagzeilen machte, daß man die Hochzeitsanzeige der ehemaligen Kellnerfrau übersah, die nach zehntägiger Totalabstinenz einen Hochseefischer geheiratet hatte, um auch nach Lebertran zu stinken, damit sie nie wieder in den Frisiersalon darf.

8.

Ein Unteroffizier hatte aus Unkenntnis, weil er auch die Literatur der Granatenwissenschaften nicht kannte, noch einmal das Dynamit erfunden. Die Kaserne flog in die Luft, alle Panzer, Offiziere und Soldaten flogen in die Luft. Auch das alleinstehende Haus des Chemielehrers flog in die Luft, was ihn in die glückliche Lage versetzte, nicht mehr Jauche schöpfen zu müssen.

9.

Nachdem der Verkaufsstellenleiter seine erste Verkäuferin im Gemüsecontainer verführt hatte oder die erste Verkäuferin den Verkaufsstellenleiter im Gemüsecontainer verführt hatte oder beide sich gegenseitig verführt hatten, genau läßt sich das nicht sagen, war es Nacht. Der angekündigte Regen kam mit solcher Wucht vom Himmel, daß allen Angst wurde. Die erste Verkäuferin klebte die Laufmasche in ihrem Strumpf mit einer Konsumrabattmarke fest, bekam vom Verkaufsstellenleiter einen Regenschirm geborgt, was für sie wahrscheinlich der Grund war, sich mit dem Verkaufsstellenleiter einzulassen, ging nach Hause, kochte ihrem Mann Pellkartoffeln, legte sich ins Bett und träumte von einer Welt ohne Gemüsecontainer, Kaufhalle, Pellkartoffeln, Registrierkasse, Verkaufsstellenleiter, Wolkenbruch und Kunden. Viel war also in ihrem Traum nicht zu sehen. Darum hörte sie auf zu träumen, wachte erschrocken auf vom vielen Schwarz in ihrem Schlaf, erinnerte sich an die Konsumrabattmarke, die immer noch an ihrem Strumpf klebte, hörte ihren Mann im Wohnzimmer rülpsen, dann sprang sie aus dem Fenster und war sofort tot. Der Verkaufsstellenleiter wagte es nicht, vom Mann der ersten Verkäuferin, der jetzt Witwer war und immer noch der Chemielehrer, seinen Regenschirm zurückzufordern. Darum nannte er die ganze Geschichte teures Vergnügen.

10.
Am 13. 6. fuhr Ursula, ein Jungpionier mit guten Anlagen für Bodenturnen und Schwebebalken, auf ihrem sechsundzwanziger Fahrrad ins Nachbardorf, um von der Oma Erdbeeren zu holen. Die Erdbeeren waren noch nicht reif. Da weinte Ursula sehr. Dann fuhr sie wieder nach Hause. Das Fahrrad war ein grünes sechsundzwanziger Damenfahrrad, das hintere Schutzblech klapperte. Ob Ursula wieder zu Hause angekommen ist bei ihrer Mutter, einer Sachbearbeiterin im Großhandel Gummiwaren und Leder, weiß der Autor dieser Zeilen nicht, denn er brütete über einem Satz, den er in der Zeitung gelesen hatte: Braunkohlenbriketts aus Maisstroh, die man sich gerade anschickte zu erfinden, während Harald, ein Klassenkamerad von Ursula, behauptete, er habe seiner eigenen Zeugung beigewohnt und könne sich gut an alles erinnern. Zur Strafe, weil Harald nicht abging von seiner Behauptung, durfte er nicht am Kleinkaliberschießen teilnehmen.

11.
17. 8. Im Gasthaus zum Braunen Hirsch ist das Pißbecken verstopft.
18. 8. Im Gasthaus zum Braunen Hirsch ist das Pißbecken verstopft.
19. 8. Im Gasthaus zum Braunen Hirsch ist das Pißbecken verstopft.
20. 8. Im Gasthaus zum Braunen Hirsch ist das Piß-

becken verstopft. Die Gasthausgeschichte endet so: Das Gasthaus zum Braunen Hirsch, das schon lange kein beliebtes Ausflugslokal mehr ist, weil es ein verstopftes Pißbecken hat, wurde vom Volksmund umgetauft in Grüne Kuh. Der gesunde Menschenverstand, der viele Doppelzentner Gehirn auf die Waage bringt, dichtete: In der Grünen Kuh, ist das Toilettenrohr zu. Daraufhin wurde das Gasthaus ganz geschlossen, was eine gewisse Frau Hoyer sehr ärgert, denn sie hatte an das Gasthaus immer Petersilie verkauft.

12.

Ein junger Mann, nachdem er seinen Heimatort, der eine bekannte Hutmacherstadt ist, verlassen hatte, war ein Studentenanführer geworden. Außerdem trug er gern eine Baskenmütze. An einem Gründonnerstag wurden ihm in Berlin von einem Anstreicher, der extra aus München angereist war, eine Kugel in den Kopf geschossen, eine Kugel in den Hals geschossen, eine Kugel in die Brust geschossen. Der Student überlebte das Attentat, setzte sich nach Schweden ab und starb dort an einem Sonnabend in seiner Badewanne. Eine Röntgenassistentin, die als junges Mädchen einmal in der Hutmacherstadt mit ihm nach einem Tanzvergnügen auf einer Parkbank gesessen hatte, wurde gern von Leuten, die viel über Freiheit sprachen, eingeladen. Und alle dachten, daß ist die, die den Studentenführer gekannt hat.

13.

In einem Schnapsladen stand eine blinde Frau. Sie kannte alle Gedichte Hölderlins auswendig. Aber sie zitierte nicht ihren Hölderlin, sie verlangte eine Flasche Wodka, denn darum war sie in den Schnapsladen gekommen.

14.
Nachdem der Dramatiker seine Dramen zerstört hatte, damit keiner mehr wußte, was Hand und Fuß ist, und anschließend mit seiner besten Freundin spazieren gegangen war, schrieb er wieder ein Drama, zerstörte es, damit keiner mehr wußte, was Hand und Fuß ist, ging wieder mit seiner besten Freundin spazieren, brachte sie nach Hause, war freundlich zu Frau und Kind, ließ sich einmal von einem Hund ins Bein beißen, ging mit seiner besten Freundin spazieren, zerstörte seine Dramen, damit keiner erkennen konnte, was Hand und Fuß ist, ging mit seiner besten Freundin spazieren, war glücklich, zertrümmerte Dramen, daß er sich selbst nicht mehr zurechtfand in den Trümmern und seine Frau, die auch seine beste Freundin war, ihm manchmal beim Aufräumen der Trümmer behilflich sein mußte. So lebte der Dramatiker fort zwischen Freundin, Drama, Frau und Trümmern. Der Chemielehrer, der einmal im Deutschunterricht hospitierte und beim Blättern im Lesebuch diese Geschichte fand, fragte den Deutschlehrer, was diese Geschichte zu bedeuten habe. Der Deutschlehrer sah den Chemielehrer, der sich, seitdem er nicht mehr Jauche schöpfen mußte, für dies und das zu interessieren begann, mit scharfem Blick an und sagte: Wer ins Schwarze trifft, zerstört sein Ziel. Da ertönte das Klingelzeichen, und die Deutschstunde war rum. Was auch den Deutschlehrer sehr freute, der in jungen Jahren als Tontaubenwurfschütze großes Aufsehen erregt hatte.

15.
Eine Operettensängerin, die ihr Wochenendhaus verkauft hatte, weil ihr auf dem feuchten Grundstück regelrecht die Stimme verfaulte, geriet an den Parteisekretär

der Strick- und Wirkwarenfabrik, was aber die Stimme der Operettensängerin nicht daran hinderte, weiterhin regelrecht zu verfaulen. Während der Maiparade, wo sie im Block der Kunstschaffenden lief, erlitt sie einen Weinkrampf. Der Parteisekretär, der hoch oben neben dem Bürgermeister und anderen Parteisekretären stand und die Maiparade abnahm, bekam, weil ihn die Szene peinlich berührte, einen roten Kopf, was aber im Fahnenmeer der Maiparade nicht weiter auffiel. Nach der Maiparade sagte er zur Operettensängerin: Wenn du so an deinem feuchten Grundstück hängst, hättest du es mir nicht verkaufen dürfen. Im übrigen kann ich mir gar keine Freundin leisten, denn ich muß ja jetzt den Garten umgraben und bin auch sonst sehr in Anspruch genommen. Dann tranken beide zusammen ein Glas Freibier, verabschiedeten sich und sahen sich nicht wieder. Die Operettensängerin, deren Stimme ganz verfault war, wanderte nach Kanada aus und heiratete dort einen Farmer, der überhaupt nicht nach Kuhmist stank, bekam zwei kräftige Kinder, und weil sie sehr glücklich war, vergaß sie das alte Europa. Nur manchmal, wenn ihr Farmer mit seinem Brettsegelboot auf dem Eriesee unterwegs war oder in Chicago Kühe verkaufte, dachte sie an ihr feuchtes Grundstück jenseits des großen Atlantik und weinte. Aber dann geschah ein Wunder. Die verfaulte Stimme in ihrem Hals wurde der Humus für eine noch bessere Stimme, sie durfte, als das bekannt wurde, in den besten Opernhäusern der Welt singen. Womit sich ihr amerikanischer Traum erfüllt hatte, der aber kein richtiger amerikanischer Traum war, weil er in Kanada stattfand.

16.
Der Chemielehrer hatte sich an einer Volkshochschülerin vergriffen. Weil die Volkshochschülerin dem Chemielehrer gestattet hatte, sich zu vergreifen, bekam sie in Chemie eine Eins, konnte daraufhin Chemie studieren und war zeitlebens eine Chemikerin. Das war die Strafe, weil sie dem Chemielehrer gestattet hatte, sich an ihr zu vergreifen.

17.
Alle Werke, die der Dichter interpretierbar fand, die verbrannte er, alle Werke, die für nicht interpretierbar galten, wurden von der Öffentlichkeit in eine Kalkgrube geworfen. So gesehen hatte der Dichter gar nichts geleistet. Als ihm das klar wurde, ging er ins Grüne, pflückte einen Strauß Wiesenkerbel, teilte ihn in zwei Teile. Einen Teil schenkte er seiner allerbesten Freundin, den anderen schenkte er seiner Frau. Die beiden Frauen freuten sich sehr. Da war auch der Dichter sehr glücklich und weinte auf einen herumstehenden Panzer, so daß dieser augenblicklich verrostet in sich zusammenfiel – und die Soldaten, die darin wohnten, kein Dach mehr über dem Kopf hatten. Womit sich die an sich harmlose Geschichte zu einer Obdachlosentragödie verformte.

18.
Nachdem Filippi mit seiner Freundin drei Stunden durch einen grünen Wald spaziert war, ging er in die Kaufhalle, um Semmelmehl einzukaufen. Es gab aber kein Semmelmehl. Auf dem Heimweg traf er den Chemielehrer, der immer noch über den Sinn einer Geschichte nachdachte, die im Lesebuch stand. Als Filippi sagte, daß er den Sinn der Geschichte auch nicht verstehe, aber jetzt unbedingt

Semmelmehl brauche, wurde der Chemielehrer sehr unsicher, schrieb an den Minister, daß man die Geschichte, weil sie keinen Sinn ergibt, sofort aus dem Lesebuch entfernen müsse, während Filippi zu Hause seine Bouletten ohne Semmelmehl zu braten versuchte.

19.
Frau A., eine Schauspielerin, glaubte nicht, daß die Menschen auf dem Mond gelandet sind. Frau A. hatte seit siebzehn Jahren nicht mehr auf der Bühne gestanden, welchen Sinn sollte es da haben, daß Menschen ausgerechnet auf dem Mond landen? Aber sie sagte keinem, daß sie nicht an die Landung auf dem Mond glaubte. Um nicht für unmodern gehalten zu werden, schrieb sie einen Brief an die Zeitung, in dem sie den Mut der Mondfahrer lobte und entwickelte Perspektiven, die sich aus der Mondlandung für die gesamte Menschheit entwickeln könnten. Der Brief wurde ungekürzt in der stadteigenen Tageszeitung gedruckt. Als ihr Name in der Zeitung stand, erinnerte sich der Intendant des Theaters an die Schauspielerin, und sie durfte die Mutter Ubu spielen, die an der Seite ihres Mannes den Feldzug nach Polen mitmacht. Der Chemielehrer, der ein regelmäßiger Theatergänger war, sah die Schauspielerin, die siebzehn Jahre nicht auf der Bühne gestanden hatte und sich jetzt als Mutter Ubu neu zu profilieren suchte, und begriff nicht, was dieses Theater mit seiner Existenz zu tun haben sollte. Er war mit der neuen Sportlehrerin ins Theater gegangen, die elf Jahre jünger war als er. Nach dem Theater wollte der Chemielehrer die Sportlehrerin zu sich nach Hause einladen. Weil die Schauspielerin, die siebzehn Jahre nicht mehr auf der Bühne gestanden hatte, so langsam sprach, sehr langsam litt und nur ganz langsam durch

Polen ging, zog sich der Theaterabend schon vor der Pause sehr in die Länge. Das hatte nichts mit dem hohen Alter der Schauspielerin zu tun. Aber wenn ein Mensch nach siebzehn Jahren wieder auf einer Bühne stehen darf, dann will er einfach nicht wieder runter. Darum sprach, litt und ging die Schauspielerin so langsam. Zweimal schlief der Chemielehrer ein. In der Pause, während sich der Chemielehrer nach zwei Gläsern Wein anstellte, sagte eine dickleibige Frau zur Sportlehrerin: Ihre Haare stinken nach kaltem Schweiß. Da ging die Sportlehrerin, ohne sich vom Chemielehrer zu verabschieden, betroffen davon. Als der Chemielehrer sah, daß die Sportlehrerin nicht mehr da war, zuckte er mit beiden Schultern und sagte sich: Ich werde keinen Eindruck auf die Sportlehrerin gemacht haben. Was gehen mich auch diese Sportlehrer an, die mit ihrem kalten Schweißgeruch sogar die Luft im Lehrerzimmer verpesten, trank die zwei Gläser Wein und machte sich Gedanken über das Leben, während sich die Tochter der Schauspielerin, die extra angereist war, um ihre Mutter als Mutter Ubu zu sehen, sich auch Gedanken über das Leben machte. Die Blicke der beiden trafen sich, und beide fühlten sich in ihrem Menschsein sehr bestätigt. Die Sportlehrerin traf auf dem Heimweg einen jungen Schlosser, der als Schlagmann im Boot des Doppelvierers saß. Ihm schüttete sie ihr Herz aus, das nicht dem Theater gehörte, sondern dem Sport, und er schüttete sein Herz aus, das nicht der Schlosserei gehörte, sondern auch dem Sport. So wurden auch die beiden ein Herz und eine Seele, während sich der Intendant daran erinnerte, daß er mit der Schauspielerin, die immer noch die Mutter Ubu gab, vor Jahren eine heftige Bekanntschaft gehabt hatte, die er gleich nach dem Schlußapplaus, versehen mit der Weisheit des Alters, neu in Gang bringen wollte.

So hatte die Mondlandung allen genutzt.

20.

Weil der Sohn eines Materiallagerverwalters nicht Soldat werden wollte, schrie ihn der Materiallagerverwalter an: Was ist denn schlimmer, Zuchthaus oder Kaserne? Der Sohn schrie zurück: Für mich ist jede Kaserne ein Zuchthaus. Dieser Satz erregte den Materiallagerverwalter so, daß er aus Sorge um seinen Sohn wild auf ihn einschlug. Der Sohn fiel um und war sofort tot. Der Materiallagerverwalter kam ins Zuchthaus. Ein Mitgefangener tätowierte ihm eine nackte Frau auf die Brust, was den Materiallagerverwalter zu einem insgesamt ganz anderen Kerl machte. Er wurde ein Aufrührer, brach aus dem Zuchthaus aus, floh nach Rumänien, wo er jetzt mit einem Karpatenbär seine Kräfte mißt.

Eines Tages, sagen die Leute, wird er zurückkehren und alle Panzer wie rohe Eier zerquetschen.

21.

Wie's in der Zeitung steht: Die Schwimmer sind Spitze und die Kanuten sind Spitze und die Leichtathleten sind Spitze und die Boxer sind Spitze und die Turner sind Spitze und die Jungen Pioniere sind Spitze und die Turmspringer sind Spitze und die Radrennfahrer sind Spitze und die Eisschnelläufer sind Spitze und die Skispringer mit ihren Skispitzen sind Spitze und die Rennrodler sind Spitze und die Frauen sind mehr Spitze als die Männer und die Trainer sind Spitze und die ganze Förderung von Kunst und Kultur ist Spitze und der Stacheldraht hat Spitzen und die Schulbildung ist Spitze und unsere jungen Geiger und Geigerinnen sind Spitze und die jungen Mathematiker sind Spitze und es gibt Spitzenbelastung und spitze Winkel und spitze Ohren und Spitzenverdiener und Spitzendreher und Spitzengruppen beim Radfahren, in der Oberliga und in den Kreisklassen und es gibt Plauener Spitzen und Brüsseler Spitzen und Spitzenklöppler und Nadelspitzen und Messerspitzen und Zigarettenspitzen und die Spitzen unserer Mittelgebirge und Schuhspitzen und Stiefelspitzen der Offiziere und Unteroffiziere, Spitzenfunktionäre und Spitzenreiter und Spitzenakrobaten und auf den Wiesen stehen die Spitzenkühe und liefern für alle Milch. Da schrien paar Leute: Hornhaut soll uns wachsen, damit die Spitzen nicht eindringen in unser Fleisch. Die das am lautesten schrien, denen wuchs sofort Hornhaut über die Augen, Hornhaut über die Ohren, in die Nasenlöcher und auf die Lippen, so daß sie nichts mehr sehen, hören, riechen und sprechen konnten. Da schrien wieder andere, weg mit der Hornhaut und wurden aufgespießt von den Spitzen, waren wie festgenagelt und konnten sich nicht mehr erheben. Nur die Kirchturmspitzen überragten das Elend und die alte Frau mit der Schnapsflasche schrie ihren Hölderlin rein in die Not: Wo aber Gefahr ist, wächst das Rettende auch. Da erhoben sich alle Spitzen, was heißt, sie lösten sich ab vom Fleisch der Aufgespießten und drangen ein in die alte Frau, daß ihr vom Wodka zerstörter Körper sehr schnell zerfiel.

22.

Als Filippi mit seiner Freundin durch den Stadtpark ging, kam ihnen ein dünner Polizist entgegen mit einem sehr großen Schäferhund. Immer, wenn der Polizist hustete, schlug sein Sprechfunkgerät, das er über der Schulter trug, hart gegen die Pistolentasche. Abendrot, sagte Filippi, und zeigte nach Westen. Ich will wieder aufs Land, sagte die Freundin. Dann schwiegen beide und wollten mit ihren Gedanken in dem kleinen Bauernhaus verschwinden, das der Freundin gehörte. Vor dem Haus stand aber der Polizist mit dem Schäferhund und ließ die beiden nicht rein in das Haus. Da sagte die Freundin, um auf andere Gedanken zu kommen: Langkornreis ist mir lieber als Rundkorn. Und wieder hustete der Polizist.

23.
Der Erdkundelehrer war so unglücklich im Treppenhaus der Schule gestürzt, daß sich ihm die Weltkarte, die er zusammengerollt unterm rechten Arm trug, wie ein Pfeil durch die Rippen in die Brust gebohrt hatte. Da lag er nun wie aufgespießt auf den Steinstufen, schrie, verlor sehr viel Blut, dann auch das Bewußtsein und wurde, nachdem ihm ein Arzt die Landkarte aus der Brust gezogen hatte, mit einem Hubschrauber ins Krankenhaus geflogen. Der Chemielehrer, der gerade eine Freistunde hatte, mußte das Blut von den Steinstufen wegwischen, mußte auch sein Erbrochenes wegwischen, denn ihm wurde bei dieser Arbeit so übel, daß er sich mehrmals übergab. Anschließend sagte die Sportlehrerin, die in ihrem Ruderklub ein richtiger Muskelprotz geworden war: Nicht mal einen Scheuerlappen kannst du richtig auswringen.

24.
Neben dem Leninmonument saß ein Wildkarnickel und fraß Gras. Da sagte eine Frau, die schon zwei Stunden mit ihrem Mann unterwegs war, um einen siebzig Zentimeter langen Reißverschluß zu kaufen: Neben dem Leninmonument sitzt ein Wildkarnickel. Dann kam eine Straßenbahn, die aber so viel Krach machte, daß man

nicht hören konnte, was der Mann darauf zu seiner Frau sagte. Der Straßenbahnfahrer, der auch das Wildkarnikkel sah, es aber für einen Hund hielt, der seine eigene Scheiße frißt, weil er nicht glaubte, daß am hellichten Tag ein Wildkarnickel neben dem Leninmonument sitzt und Gras frißt, erhöhte das Tempo der Straßenbahn, um schnell über die Kreuzung zu kommen, weil er wußte, daß die Ampelanlage nur eine kurze Grünphase hat. Als die Straßenbahn weg war, waren der Mann und die Frau, die einen siebzig Zentimeter langen Reißverschluß kaufen wollten, auch weg. Das Wildkarnickel aber, weil jetzt die Sonne schien, saß im Schatten des Leninmonuments und fraß Gras.

25.
Der Chemielehrer hatte sich ein Buch gekauft. Über Schmetterlinge. Weil er so viel über Frauen wußte und die Schmetterlinge ihn immer an schöne Frauen erinnerten, wollte er auch alles über Schmetterlinge wissen. Als der Chemielehrer merkte, daß in dem Buch, das er gekauft hatte, längst nicht alles über Schmetterlinge drin stand, kaufte er sich noch ein Buch über Schmetterlinge, noch eins und noch eins, las alle und merkte gar nicht, wie er zu einem großen Schmetterlingsexperten wurde. Seine jetzige Frau, die die Tochter der Schauspielerin war, die immer noch als Mutter Ubu auf der Bühne stand, trieb sich unterdessen im Wald rum, und wenn sie sich genug rumgetrieben hatte, pflückte sie Walderdbeeren, die aber alle nach Benzin schmeckten. Das kam aber nur daher, weil sie sich mit ihrem viertürigen Auto im Wald rumgetrieben hatte, denn der Forstlehrling, mit dem sie es trieb, wollte keinen Schritt zu Fuß gehen. Darüber beschwerte sich die Frau bei ihrem Mann. Der Che-

mielehrer sagte: ich verstehe nichts von Forstlehrlingen, ich verstehe nur was von Schmetterlingen. Da hatte der Chemielehrer völlig recht. Aber weil die Frau des Chemielehrers rauskriegen wollte, was eigentlich los war mit dem Forstlehrling, verbrannte sie alle Schmetterlingsbücher. Da gingen dem Chemielehrer die Augen auf, er verprügelte den Forstlehrling und sagte zu seiner Frau: Vor einem Jahr hätte ich ihn noch nicht verprügeln dürfen, da war er noch ein Schüler, und einen Schüler darf ein Lehrer nicht verprügeln. Dann wuchs ihm ein Furunkel unter der Nase. Warum das so war, wußte keiner, auch der Arzt nicht, der es ihm wieder herausschnitt.

26.
Filippi, der nicht wußte, welches Gesicht der Tod hat, ging auf den Friedhof, um für sich dieses Gesicht zu entdecken. Auf dem Friedhof wurde gerade der Parteisekretär der Strick- und Wirkwarenfabrik beerdigt. Eine Blaskapelle spielte die Internationale, dann wurde die Urne mit der Asche des Parteisekretärs, den man vor Jahren nicht zum Parteisekretär einer Maschinenfabrik befördert hatte, weil er mit einer Operettensängerin, die im Begriff war, nach Kanada auszuwandern, Freibier aus einem Glas getrunken hatte, in die Grube gestellt. Es regnete nicht, es war auch nicht kalt, daß man seinen Atem hätte dampfen sehen können wie in einem russischen Film, der in Sibirien spielt. Nur der Totengräber hatte einen schwarzen Anzug an, der so grau war, das er in das Bild paßte, das sich Filippi vom Gesicht des Todes zu machen begann.

27.
Vor vierzig Jahren, sagte der Pförtner der Landwirtschaftsschule, wurde ich in unserem Dorf Rock 'n' Roll König genannt und habe heute schon das siebente Karnickel in diesem Jahr geschlachtet. Beim Abendbrot sagte sein Sohn, der Malerei studiert hatte: Nie wieder Kunst, verwandelte sich augenblicklich in einen Kuhmelker und starb an einer Alkoholvergiftung, während der Chemielehrer nach einer Schmetterlingsjagd in diesem Dorf vergeblich ein Nachtquartier suchte. Die Uhr schlug neun, was aber nicht stimmte, denn sie ging zwölf Minuten vor, und die Schweinegülle verwüstete die Ackerkrume.

28.
Nachdem Krüger achtzig Eier zur Sammelstelle gebracht hatte, ging er ins Keglerheim. Er wollte höchstens ein Bier trinken, bestellte sich aber gleich zwei. Dann kam Hellmich an Krügers Tisch. Krüger trank noch ein drittes, viertes, fünftes und sechstes Bier, es war sowieso ein sehr heißer Tag. Weil Krüger langsam in Stimmung kam, trank er wie Hellmich zu jedem Bier noch einen Schnaps. Bis vor fünf Jahren hatten beide in der Kreisklasse Fußball gespielt, jetzt spielten sie hin und wieder noch Alte Herren. Dann hatte Krüger die Schnauze voll. Scheißfußball, sagte er, am liebsten wäre ich sowieso Boxer geworden. Er zeigte Hellmich seine Muskeln, der ihm jetzt Prügel anbot, weil Krüger ihm vor drei Jahren ein Paar Stoßdämpfer verkauft hatte, die, wie er sagte, absoluter Schrott waren. Betrug, schrie Hellmich, Betrug. Dann prügelten sich beide. Der Wirt rief die Polizei. Die Polizei konnte aber nicht kommen, sie war schon auf dem Bahnhof im Einsatz, wo ein gewisser Langhans eine Frau angefaßt hatte, die daraufhin mit ihrem Regenschirm wild

auf Langhans eingeschlagen hatte und jetzt mit einem Weinkrampf in der Bahnhofsmission saß. Alles wieder in Ordnung, sagten die Polizisten zur Frau und fuhren in die Siedlerklause, wo es in einem wilden Streit um zweihundertvierzig Gasbetonsteine ging, die Werchan gegen drei Rollen Maschendraht getauscht, aber bis heute von Bindernagel nicht bekommen hatte. Die Polizisten sahen auch nicht durch, ermahnten die beiden und fuhren ins Keglerheim, wo sich Hellmich und Krüger sofort gegen die Polizisten verbündeten, so daß der Wirt eine zweite Streife anfordern mußte, aber die zweite Streife war jetzt in der Siedlerklause, wo sich der junge Otto mit seinem Vater prügelte.

29.
Die Chemikerin saß in ihrem Segelboot, weil aber kein Wind war und sie auch keinen Menschen hatte, mit dem sie ihr Segelboot und das Abendbrot hätte teilen können, versenkte sie kurzerhand ihr Boot, schwamm an Land, dachte an den blöden Chemielehrer, der ihren Lebensweg mit Chemie zugepflastert hatte und wollte das Chemiewerk in die Luft sprengen, denn wie man Sprengstoff herstellt, das wußte sie. Aber aus Angst vor dem Gefängnis sprengte sie das Chemiewerk nicht in die Luft, kaufte sich ein neues Kleid, malte sich die Lippen rot und ging zum Betriebsball, verliebte sich in einen ausländischen Anlagenfahrer und bekam von ihm ein Kind. Seitdem hatte das Leben für sie einen Sinn. Eines Tages, nur weil sie kein Segelboot hatte, ohrfeigte der Sohn seine Mutter und verschwand mit seiner noch sehr jungen Freundin auf dem Motorrad. Der ausländische Anlagenfahrer war schon drei Monate nach dem Betriebsvergnügen zurückgekehrt in seine Heimat, wo, wie manche Chemiewerker

sagten, dieses Stück Preßkohle auch hingehört, fühlten sich sehr überlegen und brachten ihre Liebe jeden Tag neu auf Vordermann. Was soll's, dachte die Frau, die Chemie hat nicht nur mein Leben verändert, und wurde Mitglied in einem Zeichenzirkel. Einmal, als sie vorm Spiegel saß und ihr Selbstporträt malte, sagte sie laut: Bis auf das Seitenverkehrte belügt mich der Spiegel nicht.

30.
Maier: Aber ein Baum, habe ich gesagt, ein Baum ist ein Baum.
Müller (schreit): Quatsch, eine Eiche ist auch ein Baum, eine Kastanie ist ein Baum, aber eine Eiche ist keine Kastanie und eine Fichte ist keine Buche.
Maier: Aber alles sind Gehölze, oder wie ich gesagt habe, Baum ist Baum.
Schulze (schreit): Bloß keinen Streit jetzt!
Maier: Dann gib uns ein anderes Stichwort, irgendwie müssen wir doch weiterkommen.
Schulze: Unsere große Friedenssehnsucht.
Maier (springt auf den Kneipentisch): Ja, unsere große Friedenssehnsucht, unsere große Friedenssehnsucht, ja das ist ein gutes Stichwort.
Schulze: Komm vom Tisch runter und schrei nicht so.
Maier: Wieso soll ich vom Tisch runter kommen, ist das vielleicht dein Tisch?
Schulze: Wer eine große Friedenssehnsucht hat, steigt nicht auf Tische.
Maier: Doch, nur wer eine große Friedenssehnsucht hat, der steigt auf Tische.
Müller: Hört auf zu streiten, sag ich, hört auf zu streiten. (Dann kaute er die Friedenssehnsucht durch mit

seinen Zähnen, daß sie wie Sägespäne aus seinem Mund fiel.)

Regisseur: Wie soll ich denn eine kleingekaute Friedenssehnsucht, die aussieht wie Sägespäne, auf der Bühne darstellen?

Maier: Man muß einen Baum, der aussieht wie eine Friedenssehnsucht, zersägen.

Regisseur: Ja, das ist ein guter Einfall. (Dann gingen Maier, Müller, Schulze und der Regisseur in den Wald, ließen sich vom Förster einen Baum geben, der aussah wie eine große Friedenssehnsucht, zersägten ihn, und hatten ein Glücksgefühl, das aussah wie ein zersägter Baum.)

31.
Ihr Körper, sagten Trainer und Mediziner, ist wie geschaffen für den Hochsprung. Um sicher zu gehen, daß sie sich auch nicht getäuscht hatten, wurde der Körper noch einmal vermessen. Dann sagten sie wieder: Ihr Körper ist wie geschaffen für den Hochsprung, stellten den Körper, der sich so hervorragend fürs Hochspringen zu eignen schien, auf ein Podest, fotografierten ihn von allen Seiten und benahmen sich wie Kunstkenner, die eine Plastik von Rodin mit ganz neuen Augen sahn, weil sie sich an den klotzigen Werken von Moore bis zum Erbrechen satt gesehen hatten. Die Mutter des Hochspringers war auch glücklich, weil sie einen Körper zur Welt gebracht hatte, der sich so hervorragend fürs Hochspringen eignet. Sie ging ihren Kollegen in der Fleischfabrik, wo sie das Zulöten der Wurstbüchsen kontrollierte, so auf die Nerven mit ihrem hochspringenden Sohn, daß man sie in die Darmwaschabteilung versetzen mußte. Dort konnte die Mutter des Hochspringers, der genau die vorausgesagten

Fortschritte machte, nicht so viel reden, weil es da so entsetzlich stank, daß auch sie den Mund nicht mehr aufmachen wollte. Alle vier Wochen wurde der Körper des Hochspringers neu vermessen, geputzt und fotografiert. Nach sieben Jahren war es dann so weit, der Körper sprang tatsächlich so hoch, daß selbst die Ärzte und Trainer, die an diesen Körper geglaubt hatten, blaß wurden vor Erstaunen. Vor jedem Wettkampf schnitten die Ärzte alles Fleisch, das fürs Hochspringen nicht gebraucht wurde, und alle Knochen, die fürs Hochspringen nicht gebraucht wurden, aus dem Körper heraus, und weil es ja sehr gutes Material war, setzte man dieses Fleisch und diese Knochen, um sie noch schwergewichtiger zu machen, in die Kugelstoßer ein. Einmal, weil man auch das überflüssige Material aus einer Weitspringerin in eine Diskuswerferin eingesetzt hatte, gab man ihm nach dem Wettkampf aus Versehen die Damenknochen und das Damenfleisch zurück. Da verwandelte sich der Hochspringer augenblicklich in ein Mädchen und durfte nicht mehr in der Männerklasse starten.

32.

Einen Panzerspähwagen hatte es in einer mittelgroßen Großstadt beim Durchfahren einer hervorragend asphaltierten Straße so aus der Kurve getragen, daß er in das Schaufenster eines Spielzeugladens hineinstieß und dabei ein Schaukelpferd aus dem Laden herausschleuderte. Fünfzig Meter vom Schaufenster entfernt blieb das Schaukelpferd liegen. Eine Frau, die in ihrer Jugend die Kinder eines Kolonialwarenhändlers betreut hatte, jetzt aber die eigene Enkelin an der Hand hielt, sagte: So gehen heutzutage Kinder mit ihren Spielsachen um, warf einen prüfenden Blick auf die Enkelin und gab ihr vorsorglich eine Ohrfeige. Das Mädchen, das gar nicht wußte, wie ihm geschah, weil es bis zu diesem Augenblick nur an die Zuckertüte gedacht hatte, die es am nächsten Tag zur Einschulung bekommen sollte, fing sofort an zu heulen. Ihr Vater, der gerade einen Schmalfilm eingekauft hatte, konnte das Mädchen nicht trösten, denn er war von dem Vorgang: Panzerspähwagen im Schaufenster, so beeindruckt, daß er Zeit, Ort, Familie und Schmalfilm vergaß, mit dem er die Einschulungsfeier seiner Tochter, wie man so sagt, für immer im Bild festhalten wollte, und ihm statt dessen die eigene aktive Wehrdienstzeit einfiel, die er als Luftlandehelfer auf einem Hubschrauberflugplatz verbracht hatte. Er bekam sofort Durst, ging in die Gaststätte zur Grünen Eiche und betrank sich so, daß er am nächsten Tag die Filmkamera nicht ruhig halten konnte und alle Einschulungsbilder, die er von seiner Tochter machte, verwackelte.

33.
Der Chemielehrer, dem das Leben aus Altersgründen langsam eine Last wurde, saß tagaus, tagein auf einem Holzstuhl am Küchenfenster, was auch der Grund war, daß seine Frau während der Geschirrwäsche sich mehrmals zu sagen getraute: Du sitzt da wie eine Seidenraupe. Worauf der Chemielehrer jedesmal in sehr belehrendem Ton sagte: Wenn du schon Metaphern in deine wörtliche Rede einfügst, dann achte bitte darauf, daß die Bilder auch stimmen. Eine Seidenraupe sitzt nicht! Daraufhin verfiel er wieder ins Nachdenken, denn er hatte sich in den Kopf gesetzt als Schlußpunkt seines hin und wieder recht donnernden Lebens, einen Witz zu erfinden, mit dem sich jedermann aus einer politischen Zwangslage, wie sie zu allen Zeiten vorkommt, lachend befreien kann.

Aber so sehr sich der Chemielehrer auch anstrengte, ihm kam keine Idee für so einen Witz. Ist, fragte er sich, die Lage so ernst, daß mir gar nichts zum Lachen einfallen kann, oder ist die Zeit noch nicht reif für mein Ende, ich also meinem Leben noch keinen Abschluß setzen muß. Das Letzte wird stimmen, sagte der Chemielehrer, meine Beine tragen mich ja immer noch, stand auf und ging zum Erdkundelehrer, dessen Wunde, die ihm die Weltkarte in die Brust gerissen hatte, recht grob vernarbt war. Kein Haar, klagte der Erdkundelehrer, kein Haar wächst mir auf der Brust und fing so heftig zu weinen an, daß dem Chemielehrer die Wolkenbrüche einfielen, die er vor Jahren in seinem nicht mehr vorhandenen Landhaus erlebt hatte. Er schimpfte daraufhin so laut auf den Unteroffizier und alle Kasernen, daß er sich augenblicklich in einen Friedensengel verwandelte, noch einmal sehr kräftig ausatmete und flügelschlagend in den Himmel entfliehen mußte, weil die Nachbarn des Erdkundelehrers im Chemielehrer einen Angreifer auf alle Menschenwerte vermuteten.

34.
Als Filippi aus einem sehr großen Haus kam, wo er sich wegen eines Vorgangs, wie man es dort nannte, in letzter Zeit mehrmals aufhalten mußte, fühlte er sich, obwohl ihm gar nichts fehlte, sehr krank. Es ist Überdruß, sagte er sich, der in seiner Umkehrung eine Leere erzeugt, daß man sich dünnwandig wie ein aufgeblasener Luftballon vorkommt. Filippi ging zum Arzt. Als er ins Wartezimmer kam und vorwiegend alte Leute herumsitzen sah, die alle nach Pulmotin rochen – und im Unterschied zu ihm sich nicht krank fühlten, sondern tatsächlich krank waren, blies sich die Leere in ihm so auf, daß der Luftballon,

der er jetzt war, mit lautem Knall platzte. Jetzt war Filippi nicht nur leer, sondern das Gefäß, das diese Leere umhüllte, war total zerstückelt, und die Leere war nicht mal als Nichts mehr vorhanden. Da wurde er von den Kranken, die immer noch nach Pulmotin rochen, für verrückt erklärt, dann auch vom behandelnden Arzt, der ihn sofort in eine Nervenklinik einwies. Das Pflegepersonal der Klinik schaute Filippi mit so großen Augen an, daß Filippi zu der Erkenntnis kam: So rollt's und macht Geschichte, der Mensch ist ein Wagenrad, biß einer Topfblume alle Blüten ab, legte sich aufs Fensterbrett schlafen und sah immer Wörter auf sich zukommen, die alle Humus hießen. Das erinnerte ihn an den Erfinder der Sklavensprache, der nach neuesten Erkenntnissen im Bauch des Königs Ubu eine sehr unangenehme Gefangenschaft zu durchleiden hat und immer folgenden Text sprach: Nachdenken, aufbauen, abschlaffen, auf dem Hof die bekannte Mülltonne, das Gesicht einer zerrissenen Puppe, so etwa, oder der Jugendstil mit Gründerzeitsofa, im Winter Eisgang, im Sommer Schleppkähne, der Berliner Dom, sein Spiegelbild steht kopfüber im Wasser der Spree und ein Amerikaner klebt seinen Kaugummi ans Geländer der Brücke. Okay! Das ist alles, was er sagt. Worum es geht, Hausaufsatz, Heimatkunde. Ich und das hier. Spree-Athen Preußen. Prinz Louis Ferdinand fällt aber bei Saalfeld vons Pferd. Die Stadt weint, die Nation weint. Weil er jetzt tot ist. Der versoffene Mann mit so vielen Schulden. Tränen, das ist die Versuchung, sich nicht in der Gewalt haben. Was wir müssen, härter werden als der Stein hier. Denn Träne vertrocknet und dann ist nichts mehr vorhanden. Und wenn sie den Stein höhlt, sie macht nur interessant. Diese Stadt hat eine Geschichte. Insgesamt. Das beschriebene Blatt, das sich zum

Sprachrohr formt, Zille und der Hauptmann von Köpenick.
Der Brezelbäcker und die Waschfrauen, Stralauer Fischstechen. Oder ein barfüßiger Jude. Die gewaltsame Sozialisierung. Man soll zumindest seine Hühneraugen nicht sehn, die die Hornhaut durchbrechen. Und worauf wir stolz sind, daß wir noch welche haben. Irgendwas durchspielen, Blick in die gewesene Vergangenheit ist unsere Zukunft. Herr Gansauge am Brandenburger Tor. Seidenraupen spinnen ein Netz, sich einpuppen. Oder eine Schulklasse in der Nationalgalerie. Eine Filmkamera fährt einen Radzewill ab. Rote und gelbe Farben sind Feuer. Ist das Gesicht vom Mann am Gartentor das Gesicht eines preußischen Junkers. Weltkriegserfahrung. Die Nation vereidigt am Lustgarten. Erst Gehirnprothese, dann Beinprothese. Weltweit der gleiche Zirkus. Schon wieder Vergangenheit, die Zukunft ruft, und Gegenwart ist keine? Oder wie in wessen Händen. Die letzte Trümmerfrau starb am letzten Sonntag. Feierliche Urnenbeisetzung. Der Kalkstaub in ihrer Lunge ist nicht Asche, sondern gesintert zu einem Steinchen, das jetzt im Gefäß, Urne, klappert. Man muß anders anfangen. Pankow. S-Bahn-Fahrt. Der Phantomschmerz der Gasometer. Wird überwunden werden. Oder der Phantomschmerz der entschärften Bombe, sie lag drei Jahre in meinem Garten gleich nebem dem Schuppen. Die Angst vor der Gegenrede, Synthese ist Trümmer, darauf sich Neues formt. Akropolis. Die dorische Säule als Fundament für Welttheater. Ein Arbeiter in Wattejacke betritt die Szene. Raureif in seinem Bart. Er sagt, sprich lauter, lauter, noch lauter, ich muß lauter sprechen. Dann schweigt er lange, steht da und schweigt. Und der Rauhreif fällt aus seinem Bart heraus, nach oben bis in den Scheitel, und nach un-

ten über den Hals, passend für Schlinge und Fallbeil, wächst weiter bis auf das Pflaster, auf dem er steht. Sich verwandeln, denkt er, in ein Bild, noch besser in eine Plastik, Bronzeguß, Stahl oder Stein. Sagen wir: das ist Zille, sagen wir: das ist Virchow, sagen wir: das ist der Freiherr vom Stein, sagen wir: das ist ein Philosoph, Hegel oder Engels, sagen wir: das ist die gewesene Frau aus den Trümmern oder ein Bomberpilot. Was kommt? Bleib so, gegen den herandonnernden Sturm der Blitze, Messer und Peitschen, Sozialfürsorge, Rentnerbewußtsein. Der Abend am Grill in Hessenwinkel. In der rechten Hand die Tomatenmarkflasche, in der linken die Spraydose gegen die Mücken. Das Ganze noch einmal auflösen in ein Spiel, Schach oder Halma, Mikado: Ich habe nur drei Bonzen. Oder Verbrecherjagd auf der Stadtautobahn. Im Autobahntunnel werden die Gangster gestellt. Die Verfolger kommen von zwei Seiten, zu deutsch: die Auswege sind mit Verfolgern besetzt. Ein Neonlicht flackert, zwei Kacheln werden zerschossen. Aussage: Kugel dringt tiefer als Menschengeist. Dann vor Gericht: Kindheitserinnerungen und was sich noch hochstemmen läßt, die Großmutter, eine Geliebte und insgesamt Umwelt. Darauf will die Verteidigung raus. Falls sie's beweisen kann, den schädlichen Einfluß. Dann müßte die Umwelt ins Loch. Lebenslänglich. Eingelocht oder eingemauerte Umwelt. Die Mauern das neue Sein. Gefäß wird Inhalt, der Inhalt nur Vorwand für das Gefäß, der jetzt der Gegenstand ist. Alles so in und an diesem Gegenstand zerschmettert. Siehe Aussage: Kugel dringt tiefer als Menschengeist. Frage: Was war ihre Lektüre. Antwort: Die Zeitung. Was war ihr größter Wunsch: Lebenslängliche Liebe. Weitere Aussagen wurden verweigert. Kein Urteil zu Lebzeiten. Bevor der Stab gebrochen wird über mich, drei Minuten vorher, dann muß ich sterben. Training des Herzens. Es soll auf Kommando still stehen können. Anklage lautet, Unfall mit tödlichem Ausgang, Flucht dann und im Gefolge dreifacher Mord. Frage: Wo kommt das Gewehr her. Antwort: Aus dem Kopf des Menschen. Und dann langer Jubel: wir sind wieder beim Thema. Der Kopf des Menschen. Oder die Maske Tarnzeug. Was wird hier getarnt und verborgen. Der Angeklagte las in seiner Freizeit Märchen. Der Wolf, die Geislein, der Esel, alles Bremer Stadtmusikanten. Oder der gute Butt. Plattdeutsch, Wolgast und Ostsee. Die Farben des Otto Runge. Wie entsetzlich sich schon damals die Wasser färbten. Schauer über den Rücken. Und am Ende, nach allem Aufwand, vom Papst wieder zur Fischfrau. Hier waren die Märchen echt, gemessen am Ausgang, das Ende nicht modifiziert, wo das Gute siegt. Und wie dann immer Schluß ist, nach dem guten Schluß. Böse, sagt er sich, böse hat es begonnen, böse soll es auch enden. Ich stelle mir vor: den Mann nachts in seiner Zelle, die fehlende Erschöpfung, er kann nicht schlafen, man hat ihm die Arbeit verweigert. Darum nur sitzen und denken: Gehirnfieber, das Mögliche, was alles möglich ist. Das Intellektuelle ins Herz eines Proleten gepflanzt. Das war's. Und wie's langsam das Herz sprengt, das sein Gehirn war, wie es nicht das Gehirn sprengt, aber Gott raussprengt, den Glauben an eine Vernunft, die alles Elend am Ende bindet, etwa die Mühen des Weges, Blasen am Fuß, Muskelkater, Aufstiege, Abstiege. Es war ein beschwerlicher Weg durch Sümpfe und Flüsse, erst waren dort keine Brücken, jetzt sind dort Brücken, und die Wege sind alle markiert. Man kann sich drauf verlassen, wer diesen Weg geht, der kommt auch ans Ziel. Aber er kommt mit anderen Erfahrungen dort an. Die billige

Weisheit, über eine Brücke gehn ist was anderes als eine Brücke baun, die Bezwinger des Wassers, die Erbauer der Brücke und die Benutzer der Brücke, alle sind am anderen Ufer. Schön. Vogelgezwitscher.

Frau: Ich liebe dich.
Mann: Ich liebe dich. (Lieben sich. Orgelmusik.)
Mann (im Hochzeitsanzug): Ja!
Frau (im Brautschleier): Ja!
   (Tauschen Ringe. Orgelmusik. Lieben sich. Eine Tänzerin tanzt.)
Mann: Ich liebe dich.
Tänzerin: Ich liebe dich
   (Tänzerin und Mann lieben sich.)
Mann: Ich war bei der Tänzerin.
Frau: Ich verzeih dir.
Mann: Ich liebe dich.
   (Mann und Frau lieben sich. Tänzerin tanzt.)
Mann: Ich liebe dich.
Tänzerin: Ich liebe dich.
   (Tänzerin und Mann lieben sich.)
Frau: Wieder die Tänzerin.
Mann: Wieder die Tänzerin.
Frau: Ich verzeih dir.

Kollegen und Freunde des Theaters

Regisseur: Kollegen und Freunde des Theaters. Wir haben uns an ein gewagtes Stück herangewagt, wir wissen, das ist die Tragik, daß unser Stück, auch wenn der heutige Theaterabend ein voller Erfolg war, daß wir damit bestenfalls der Kunst, was ja unsere Aufgabe ist, auf die Beine geholfen haben, aber keinen einzigen Baum retten werden, der im vergifteten Sumpf dieser Welt steht. Das Sterben wird weitergehen – und nur der Mangel an Zukunft gibt der Kunst Räume! Insofern, wir ziehen Genuß, wenn wir unserem Tod, und wer will schon sterben, zuschauen. Aber wir respektieren die Andersdenkenden, denn sonst wird das Ganze Faschismus, also Freibier. Mörder und Gemordete an die kalte Platte. Das Fressen ist eröffnet. Aber zuerst Blumen für Frau Stockmann. Luise, komm her. Wir hatten zur Premiere ein halbvolles Theater, trinken wir darauf, daß es nicht viel weniger werden, stoßen wir darauf an, daß Stockmann...

Kern: Du brauchst nur diesem Arschloch zu sagen, Gott sei mit uns, dann ist Gott mit uns, dann haben wir saubere Flüsse und keine schwarzen Popel mehr in der Nase.

Deter: Sie kennen nicht die Zusammenhänge.

Kern: Uns interessieren nicht die Zusammenhänge, uns interessieren saubere Flüsse.

Deter: Saubere Flüsse heißt: ihr werdet alle verhungern.

Kern: Wissen Sie, als wir noch richtig links waren, als wir noch die Hoffnung hatten, der Mensch, mein Gott, ich habe meine Jugend für euch Idioten geopfert, ich war euer Trommler.

Professor und Dichter

Professor: Sie haben uns ihr neuestes Drama zum Lesen geschenkt.
Dichter: Es ist mir nicht gelungen.
Professor: Was ist Ihnen nicht gelungen?
Dichter: Das Drama.
Professor: Wir sagen das auch. Das vereinfacht sehr viel. Wir hatten überlegt, wie können wir mit ihnen ins Gespräch kommen. Dichter sind oft sehr empfindliche Leute, sie kritisieren den Staat, die ganze Gesellschaft, immer drauf, noch eins, alles Nackenschläge, Schlag auf Schlag, bis alles zusammenbricht. Aber kritisiert man den Dichter, gleich ist er beleidigt. Aber ich muß ihnen nicht sagen, was vorgeht in der Brust eines Dichters. Alle Menschen sind sensibel, fast alle. Warum ist denn ihrer Meinung nach das Drama mißlungen?
Dichter: Es sollte viel Blut fließen. Erst Vorbereitung der Schlacht, dann die Schlacht, und am Ende sind alle tot, kein langes Herumgefummel, die Protagonisten sind stark auf beiden Seiten, Feind gut oder böse und Freund gut oder böse. Alles gleichstark. Und der Bruchteil einer Sekunde, irgendwo fällt ein morscher Ast vom Baum, dieses Geräusch schafft die Ablenkung, die Helden blicken entsetzt hin, das ist dann die Entscheidung, von hinten kommt eine dritte Partei und metzelt beide nieder.
Professor: Und was wird aus diesem Sieger?
Dichter: Das dritte Heer geht elendig zugrunde. Sie fei-

ern mehrere Wochen den Sieg, dann setzt der Hunger ein, sie sind aber zu schwach, die Kornspeicher ihrer erschlagenen Feinde zu finden. Paar machen sich auf den Weg, verlaufen sich oder verhungern gleich auf halber Strecke. Das eigentliche Drama ist der dritte Akt. Die Sieger, wer nicht verhungert, der wird von der Pest weggefegt, eine Seuche steigt aus den langsam verwesenden Leichen der Freunde. In ihrem Freudentaumel machen die Helden noch mehrere Fehler, zum Beispiel schießen sie einfach aus Spaß die Geier tot, die auf den Leichen sitzen. Die Leichen sind der Herd für die Pest. Es wird viel geschossen und sehr viel geredet, getrunken, getanzt, um es auf einen Nenner zu bringen. Der Sieg war erst der Anfang der Schlacht, aber das verstehen die Helden nicht. Haben sie was zu trinken?

Professor: Kaffee, möchten sie Kaffee oder Tee?
Dichter: Wenn sie auch was anderes haben. Wodka zum Beispiel. Aber ich bin auch mit einem Korn zufrieden.
Professor: Werden wir dann noch vernünftig reden können?
Dichter: Was meinen sie?
Professor: Wenn sie Alkohol im Blut drinne haben.
Dichter: Ich kann nur mit Alkohol vernünftig reden.
Professor: Das ist doch aber sehr gefährlich.
Dichter: Ohne Alkohol wird man – es macht die Dumpfheit im Schädel, die bleibt – man wird zum Professor. Mit Schnaps in der Rübe wird man Dichter.
Professor: Wenn das so einfach wäre. Aber sie bekommen ihren Schnaps. (Klingelt. Auftritt der Sekretärin.) Bitte bringen sie... (zum Dichter) Was wollen sie, wir haben Wodka da, und wir haben einen sehr guten Korn da.

Dichter: Das ist schwer zu entscheiden. Bringen sie beides. Und jedesmal eisgekühlte Gläser. Wenn man ein paare drinne hat, brauchen sie nicht mehr eisgekühlt zu sein, aber am Anfang, wenn der Reif so dransitzt am Glas, es ist sehr angenehm.
Professor: Ja, so etwas ist sehr angenehm. (zur Sekretärin) Sie wissen Bescheid. (Sekretärin ab)
Dichter: Wie heißt'n das Mädchen?
Professor: Gabriele.
Der Sieg war der Anfang der Schlacht, haben sie vorhin gesagt. Ein sehr schöner Satz. Die Helden wußten also nicht, diese entscheidende Schlacht zu schlagen.
Dichter: Nein, das wußten sie nicht. Aber sie dürfen das alles nicht so ernst nehmen.
Professor: Warum soll man das nicht ernst nehmen?
Dichter: Es ist doch nur ein Drama.
Professor: Aber sie wollten doch damit sagen, die entscheidende Schlacht war der Sieg. Oder dieser Sieg hätte der Anfang sein müssen noch größerer Siege und Kämpfe.
Dichter: Ja, es wird so gehandhabt. Darf ich rauchen?
Professor: Tun sie alles, was der geistigen Atmosphäre dienlich ist.
Dichter: Aschenbecher.
Professor: Bitte. (gibt Aschenbecher) Sie haben eben den Grundriß eines Dramas erzählt, klar ist mir nicht, warum geraten die beiden ersten Parteien in Streit.
Dichter: Sie müssen in Streit geraten, sonst wird's kein Drama.
Professor: Aber worum wird denn gestritten? Geht es um Land, um Gold oder nur um eine schöne Frau?
Dichter: Es ging natürlich um Frauen.
Professor: Was ist denn daran so natürlich?

Dichter: Denken sie, meine Helden schlagen sich um einen Kartoffelacker oder um die Schürfrechte für Steinkohle? Ja, es ging um 'ne Frau.
Professor: Und was wurde aus der Frau? Sie sagten doch, am Ende war alles tot.
Dichter: Als sie sah, wie die Schlacht ausging, sie hat sich vom Felsen ins Wasser gestürzt. Und ist ertrunken.
Professor: Einfach so?
Dichter: Wie denn sonst?
Professor: Waren da Worte der Klage oder ein Schuldbekenntnis? Sie war ja der Anlaß fürs Blutvergießen.
Dichter: Glauben sie, ich lasse meine Helden wimmern? Oh Gott wie tief Schuld, Anklage, Sühne, zerbrochenes Herz, nimmer gibt Ruhe das Blut, Vater, Mutter und Bruderschwert? Wortlos stand sie an der Schlucht. Sie wollte noch Heidelbeeren essen gehen vorher, aber es wuchsen keine, sie hat sich mit leerem Mund in die See reingestürzt. Sie war sozusagen die letzte Überlebende. Das Meer nahm wenig Notiz von ihr, sie wurde einfach verschluckt. Sie müssen sich das große Meer vorstellen. Der Atlantik. Haben sie mal davor gestanden?
Professor: Ja, wochenlang stand ich dort, immer morgens und abends, es hat eine gewaltige Kraft.
Dichter: Eben, und dann plumpst da so ein Frauenkörper rein, das ist völlig bedeutungslos.
Professor: Aber warum denn dieses Ende?
Dichter: Sehen sie nicht den Unterschied, auf dem Land verwesen die Leichen der Krieger, die paar übriggebliebenen Geier hacken in ihnen rum und den Rest besorgen die Ameisen, aber sie, mit einem schweren Stein um die Brust, stürzt sich ins Meer.
Professor: Aber auch ihre Leiche ist kein schöner Anblick.

Dichter: Das geht sie nichts an, sie ist weg und basta. Nee, nee, ich werde ein Feuer anzünden, das heißt sie selber zündet ein Feuer an, es gibt eine Stelle unter den Klippen, da ist auch bei Flut kein Wasser, drei Tage schleppt sie Eichenstämme dort hin, türmt sie zu einem riesigen Scheiterhaufen, zündet ihn an, und wenn die Flammen am höchsten sind, dann stürzt sie sich, wieder mit einem Stein um die Brust, rein in die Flammen. Und ich sage ihnen, das Feuer ist so groß, kein Regen oder Sandsturm, auch kein Erdbeben löscht es aus, sie verbrennt restlos. Und irgendwann, wenn alles verbrannt ist, dann kommt ein riesiger Sturm auf und weht die Asche ins Meer, Menschenasche und Eichenasche. Auch das ist für das Meer eine lächerliche Kleinigkeit. Gebongt, das ist gebongt, so endet das Drama.

Professor: Wir müssen das Gespräch auf später verschieben.

Dichter: Aber warum denn? Wir haben jetzt den Schnaps bestellt. Überhaupt, seien sie doch froh, daß ich mal da bin, sie können heute abend in ihr Tagebuch schreiben: ich hatte ein Gespräch mit IHM.

Professor: Ja natürlich, aber wir mißverstehen uns. Ich habe ein anderes Drama gelesen. Eine Schlacht kam darin nicht vor.

Dichter: Ich sagte doch, das Drama ist mir mißlungen. Ich wollte es schreiben. Oder glauben sie, ich weiß nicht worüber ich rede? Ich habe ihnen das Drama gegeben, der Mann sitzt und die Frau sitzt, er holt sein Gebetbuch aus der Tasche, da hat er an den Rand ein paar Bemerkungen gemacht, kleine Poesiealbumsprüche, er liest der Frau daraus vor, sie ist begeistert, er schenkt ihr das Buch, sie trinken Cognac, dann kommt die Dienstmagd und zündet die Kerzen an, vorher haben sie sich noch die Masken vom Gesicht runtergenommen und so weiter, und so weiter. Haben sie dieses Drama gelesen?

Professor: Ja natürlich.

Dichter: Und jetzt sind sie erschüttert. Es hat nicht die Tiefe, der Konflikt wird auf ein durchsichtiges Problem reduziert, keine Kraft, die auf ein großes Universum schließen läßt. Es ist nicht mal der Splitter da von einem Kosmos.

Professor: So weit würde ich nicht gehen. Ich habe zu meiner Frau gesagt...

Dichter: Das interessiert mich nicht, was sie zu ihrer Frau sagen. Ich sage, das Drama ist mir nicht gelungen und weiter nichts.

Professor: Wir haben nichts gegen das Drama, uns sind nur einige Fragen, dummes Wort, Fragestellungen wollte ich sagen, ich meine, uns wird nicht klar, was wollen sie eigentlich kritisieren?

Dichter: Nichts, ich will nichts kritisieren, wenn ich was kritisieren will, ich würde mir doch nicht die Mühe machen und gleich ein Drama schreiben. Ich würde doch sofort das Beschwerdebuch nehmen und reinschreiben, im Moment fällt mir nichts ein, aber angenommen, ich habe eine Bohnensuppe bestellt. Verstehen sie mich. Ich würde ins Beschwerdebuch, aber auch nur, falls ich Lust dazu habe, ich würde euch ein besseres Rezept verraten. Und wenn ich nach Wochen wieder in diese Kneipe komme, was ich aber auch nur im Notfall tun würde, eh, wirklich nur im äußersten Notfall, und ich kriege wieder so eine miese Suppe auf den Teller geknallt, na dann, ich würde den Chefkoch erwürgen.

Professor: Aber sie haben doch ein Bedürfnis, sie schreiben etwas auf, sie formen etwas zu einem Drama, um der Menschheit etwas mitzuteilen.

Dichter: Sie würden vielleicht etwas mitteilen wollen, darum werden sie auch nie ein Drama schreiben, sie können einen Tagesplan schreiben für Unteroffiziere, der vollkommene Sklave bei Pflichterfüllung, und zwischen sechs und halb sieben werden die Schuhe geputzt.

Professor: Aber man hebt doch ein bestimmtes Problem ins Bewußtsein der Menschen.

Dichter: Und dann?

Professor: Dann erweitert sich das Bewußtsein.

Dichter: Nennen sie Beispiele. Wenn ich ihnen ein Messer zwischen die Rippen reinrammle, dann sind sie tot, das ist schon alles.

Professor: Aber nach unserem Tode wie vor unserem Leben, immer herrscht ein anderes Bewußtsein. Auch nach unserem Tode wird der Schmerz bleiben als die bewegende Kraft unseres Geistes. Und dieser Geist formt wieder ein ganz neues Bewußtsein.

Dichter: Gut, dann werde ich was tun für ihr Bewußtsein. Am Abhang Raps, auf der Messerschneide die Spatzen wetzen sich an der Pflugschar die Schnäbel als Pfeil gegen den Wind. Wetter leuchtet. Kraftstrotzende Erde, es riecht nach Sommer. Eine Gitarre lotet das Sein in die Zukunft. Mut und Treibriemenschmiere, im Hintergrund rauschen die Pappeln, so war der Gang der Geschichte immer bemüht, alles wegzuräumen und aus dem Weg mit dem Stein, Mensch und Vieh, sind die Schlachthäuser in den Gängen, wo's Grundwasser gurgelt abpumpen, kräftige Saugnäpfe mit Filtervorsatz, Muffenverbindung mit

Hanf, so berauscht sich der Klempner, wenn er bis zum Bauch steht in der Pisse, und im Hintergrund rauschen die Pappeln, davor die noch vorhandenen Grundmauern der Klosterschule. Hier lang, vom Hinweisschild bröckeln Buchstaben. Schreiben sie mit.

Professor: Natürlich, natürlich, zwei Tonbandgeräte laufen, zur Sicherheit schreibe ich noch mit.

Dichter: Dann werde ich kein Wort mehr sagen. Ich werde erst wieder sprechen, wenn das Mitgeschriebene vernichtet ist und das Tonbandmaterial vernichtet ist.

Professor: Das wird ein Drama so ganz nach Geschmack der Masse. Spurenverwischung gegen Dokumentationstrieb. Sie können es sich nicht leisten zu schweigen.

Dichter: Wehrkraftzersetzung wird Bürgerpflicht. Wehrkraftzersetzung wird Bürgerpflicht.

Professor: Sind sie wahnsinnig?

Dichter: Ich öffne das Fenster. Ich schrei's raus, ich schreie.

Professor: Nein, bleiben sie hier.

Dichter: Wehrkraftzersetzung wird Bürgerpflicht. Wer nicht zersetzt, wird erschossen. Wie macht man das Fenster auf?

Professor: Ich lösche die Tonbänder.

Dichter: Zertrümmern sie auch die Geräte. Erst löschen und dann zertrümmern. Im Schneckentempo zog über die Heide 'ne Reblaus. Sie vergrub ihre Spuren im Sand. Gestein schmolz in der Hitze der aufgehenden Sonne, und Sand sinterte zu klumpiger Schlacke.

Professor: Alles gelöscht und zertrümmert. Und jetzt zerreiße ich noch das Papier.

Dichter: Zum Dank erfinde ich schnell noch ein Gedicht. Ein schöner Tag. Drei Volkslieder verarbeitet zu

Leitplanken. Reibungslos strömt aus dem Dynamo der Saft in die Kirschblüten. Grundlos glückliche Alphabeten im Gammastrahl. Das ist blöde. Letzte Zeile noch mal. Grundlos glücklich schlecken wir Kremeis aus muschelförmiger Waffel. Im Hintergrund rauscht das Meer. Rechts läuft ein Eichhörnchen ins Bild. Von oben kommt Regen, eine Feuerwehr pumpt Keller leer. Massen schauen zu. Feuerwehrmänner sind besser als Preisboxer & Schauspieler zusammen. Haben auch blinkende Helme. Wurschtsuppe gibt's und Erbsen. Es duftet. Konzentration fehlt, ein Kinderchor singt, und randvolle Wahlurnen werden geschüttelt, es staucht die vielen Stimmen, zehne haben noch Platz. Kinderchor im Gleichschritt ab, zu Brettspiel und Brause. Scharfschütze schießt Krähe vom Fahnenmast runter, das Vieh, das wollte scheißen ins eigene Nest. (zu Professor) Ihre Augen leuchten. Noch mehr, woll'n sie noch mehr hören.

Professor: Es sollte nicht aufhören, niemals mehr aufhören.

Dichter: Da gehen die Sklavenketten zu Bruch, wa, da kommt jeder Stehgeiger ins Wanken, wa, da versagt die Grammatik und die Ausrufezeichen stehen quer oder verbiegen sich zu Fragezeichen. Wir sind die Helden der Nation, die Helden unter der Fuchtel der Weltregierung, da können die Fußballer Tore schießen so viel sie wollen. Wo bleibt'n der Wodka?

Professor: Weiß nicht. Weiß nicht, wo der Wodka bleibt.

Dichter: Das Einfachste wissen sie nicht. Sie haben ihr Fräulein, das vielleicht schon Frau ist und Mutter, nicht unter Kontrolle, aber Dramen lesen. Wo bleibt der Wodka?

Professor: Ich frage mal nach. (spricht in Wechselsprechgerät) Kommen sie bitte. Vielleicht hat sie's wieder vergessen.
Dichter: Oder sie muß gerade Mobilmachung üben.
Professor: Das glaube ich nicht, die ist für fünf angesetzt.
Dichter: Oder sie schminkt sich gerade die Lippen und kämmt sich das Haar. Schließlich denkt jeder, er könne den Weltfrieden retten. Der eine mit sonstwas, sie eben mit roter Kirschmund blüht im Holunder. So lockt man den Feind an, und dann beißt man zu.
(Auftritt Sekretärin)
Sekretärin: Die Gefäße waren noch nicht kalt. Aber jetzt. Rauhreif, sehen sie, Rauhreif. Bevor ich wieder verschwinde, darf ich sie etwas fragen?
Dichter: Bitte, natürlich. Sehr gut der Wodka sehr gut. Ich danke ihnen. Fragen sie nur.
Sekretärin: In ihrem Drama, »Tritte im Schnee« 3. Akt, das dann verfilmt wurde. Nachdem der Partisan mit seiner Geliebten eine Nacht in der Blockhütte verbracht hatte, im Film war das sehr schön, die Nebel zogen ganz langsam davon, und Sonnenstrahlen fielen durch die Zweige der Bäume, der Partisan steht in der Tür, dreht sich noch einmal um, ich glaube es war aus Verlegenheit, er sagt: gleich werde ich wieder nach Schweiß stinken und feuchter Erde, dann geht er. Das Mädchen steht dann am Fenster, schaut ihrem Geliebten nach und malt Kreise mit ihrem Finger auf das beschlagene Glas. Wie eine Zielscheibe hab ich gedacht, das Mädchen malt immer mehr Ringe, man sieht immer deutlicher den Partisan, er geht immer tiefer rein in den Wald. Dann plötzlich ein Schuß, der Partisan, tödlich getroffen, fällt in das nasse Laub. Warum mußte er sterben?

Dichter: Trinken sie einen Wodka mit uns. Bitte.
Sekretärin: Warum mußte der Partisan sterben?
Dichter: Er hatte dem Mädchen ewige Treue geschworen. Und das Mädchen hat gesagt, ich werde immer auf dich warten, damit war die Geschichte zu Ende. So viel Albernheiten, ewige Liebe und ewiges Warten, was soll da noch passieren, er sieht keine andere mehr an, sie sieht keinen anderen mehr an, dann kommt er zurück, nochmal so eine Nacht und dann wird ein funktionierender Haushalt errichtet, sie bürstet ihm den Anzug, und er macht paar bissige Bemerkungen, daß sie in der Kittelschürze aussieht wie eine Schlampe.
Sekretärin: Sie haben keine sehr hohe Meinung von uns Menschen. Der Partisan hätte ja auch, wenn er schon sterben muß, damit ihm alles erspart bleibt, er hätte ja im Kampf fallen können, er tut noch was für den Sieg, und dann fällt er.
Dichter: Das Ganze hätte ja noch länger gedauert. Und im Grunde herrschten ja klare Verhältnisse, von da kamen, nach dem Stand jetziger Wertung, die Guten.
Sekretärin: Warum sagen sie: jetziger Wertung?
Dichter: Nun, es kann sich wieder ändern. Die Geschichte treibt immer neue Blüten zur Frucht. Und der Kraftmeier, dem die Muskeln hochwachsen bis ins Gehirn, mal liegt er im Dreck, mal steht er wieder am Ruder.
Professor: Ich sage ihnen mal positiv: In den Zeiten der Dürre ist jeder Regen sehr gut, wenn aber das viele Wasser von oben die Ernte verdirbt, wird jeder Regen verflucht. Aber sie sind hier nur Sekretärin, gehen sie jetzt.

Dichter: Aber sie kann doch bleiben, sie muß nicht, aber wenn sie will. Wollen sie, sie haben immer noch nichts mit uns getrunken, sie sollten mehr trinken.

Komödiantenfrühstück

Johannes: Seit ich voll im Geschäft bin, kann ich nicht mehr lachen. Die beste Zeit hatte ich, als ich als Löwenfütterer gearbeitet habe. Aber dann starb der Löwe.

Mats: Um nicht mehr malen zu müssen, habe ich den Wahnsinn in mir getötet, weil das Malen mich abhielt vom Leben, so dachte ich, habe ich den Wahnsinn, der der Motor war meiner Visionen fürs Malen, habe ich den Wahnsinn in mir getötet, jetzt bin ich normal, eine Leere umgibt mich und Freudlosigkeit, daß mir nicht mal mehr eine Zigarette schmeckt, darum habe ich den Wahnsinn, der mich am Leben hielt, in mir getötet. Meine Ärzte sagen, okay, Mann, sie sind der Held, und dann habe ich noch einmal das Luftgewehr erfunden. Bringt mir eine Zielscheibe oder ein Kind, dem ich ein Auge ausschießen tu? Ansonsten, es ist zu wenig Paprika im Bier und zuviel Schaumgummi in den Bouletten, die Zigarren sind aus Maisstroh. Als mein Nachbar vorhin zum Bäcker fuhr mit dem Rad, haben sich zwei Katzen in die Speichen seines Vorderrads geklemmt, gleich zwei Katzen, eine von links, eine von rechts. Die Katzen verklemmten sich in der Fahrradgabel und meinen Nachbarn hob es regelrecht aus dem Sattel. Er knallte kopfüber aufs Pflaster, jetzt liegt er im Krankenhaus. Schädelbasisbruch. Mein eigentlicher Wunsch war es immer, arm zu leben und reich zu sterben, aber plötzlich entdecken zu

müssen, keine Freunde zu haben, das ist das Schlimmste.
Darum habe ich den Motor, der der Wahnsinn ist meines Lebens, oder den Wahnsinn, der der Treibstoff ist, nicht getötet, so doch gebremst und getauscht mit einem anderen Wahnsinn, der heißt Glück. Glück könnte auch heißen Macht, Macht über Gefühle.
Johannes: Hör auf.

Seit gestern probier ich den Hamlet. Aber ich verstehe ihn nicht. Wieso dieser Haß? Stiefvater, den nimmt man doch nicht wahr. Ich würde, hätte ich je einen gehabt, meinen eigenen Vater nicht wahrnehmen, ich würde selbst durch meinen eigenen Vater hindurchschreiten wie durch die dreckigste Luft. Und trotzdem probiere ich Hamlet. Seine Mutter könnte ich lieben. Aber wie alt ist denn diese Frau? Man kommt in Teufels Küche mit seinen Gedanken. Oblomow versteh ich, die Asche, die draufliegt auf unserer Geschichte, die soll man nicht aufrühren. Was kommt zum Vorschein? Ich bin immer nur Toten begegnet. Die Schwerter in ihrer Brust rosten langsamer, als die Leichen verfaulen. Schwerter im Knochengerüst, man müßte Anatomie studieren, um das Ganze zu orten. Aber wahrscheinlich bin ich nur ein Rennfahrer, Formel eins, das Gesicht unter einer Maske. Aber warum Maske, bin ich vielleicht ein vielgesuchter Mörder, der sein wahres Antlitz verbergen muß? Warum gibt es mehr tote als lebendige Menschen, (schreit) ich bin in dieser Welt nicht zu Hause. (besänftigend) Das war nur der Hamlet, der in mir schrie. (beschwichtigend) Und es war nicht mal sein Text. Ich bin etwas ratlos, wie kam ich überhaupt in diesen Zustand. Ich will das große Drama in mir aufleuchten lassen, Hamlet, wie viele Kinder hast du nicht gezeugt?

Dichter mit MP

Meine Damen und Herren, uns ist keine Tragödie eingefallen, die sie wirklich was angeht. Wir haben sogar versucht, selbst eine Tragödie zu erleben, die wir dann hier nachspielen können. Auch das ist uns nicht gelungen. Wir untersuchen die Gründe. Zu viel Freiheit, die Räume sind groß, jeder kann jedem ausweichen, man weicht dem Konflikt aus, was vielleicht der Konflikt wäre. Oder stellen sie sich vor: Kreon und Antigone noch mitten im Streit, plötzlich die Stimme des Sohnes Haimon: Vati, Fußball beginnt, der Streit wird unterbrochen, verschoben auf den nächsten Tag. Und es ist jeden Tag viel los, der Konflikt schürzt sich nicht zum Knoten. Man erlebt anderswo so viele Siege, man braucht keinen eigenen Sieg mehr.

Aber wir wollen hier nicht über Fußball streiten, wir sind im Theater, sie wollen sich mitreißen lassen von unseren Helden zum Mitleiden. Oder haben sie eine Komödie erwartet? Sie werden hier ein Schlachtfest erleben, das Schlachtfest könnte auch eine Komödie sein. Aber ein Schlachtfest ist ein blutiges Unternehmen, zu fragen ist: wessen Blut fließt am Ende? Haben sie Angst? Meine Damen und Herren, wir wollen sie nicht nur in Angst und Schrecken versetzen, daß hier gar nichts mehr stattfindet, hier wird eine Tragödie stattfinden, sie erleben hier ihre Tragödie, die mit ihrem Tod enden wird. Sie sind hergekommen, um sich am Leid oder dem Glück eines Helden zu erbauen oder zu bilden, bilden sie sich, bitte, aber ihre

Bildung nutzt ihnen nichts mehr. Sie werden jetzt alle erschossen. Fangen wir an. Normalerweise sind die vorderen Plätze die besseren, man sieht vorn nichts anderes und hört nichts anderes, aber man sieht das zu Sehende besser und hört, was es zu hören gibt, besser, kurz, die Wucht des Geschehens, je mehr sie sich von der Rampe entfernt, verliert, indem sie sich ausbreitet, an Kraft. Wer hinten sitzt, ist also im Nachteil, aber heute sind die hinteren Plätze die besseren. Wir fangen an mit Reihe eins. Wir haben uns für Genickschuß entschieden. Die Zuschauer in den hinteren Reihen können das Schauspiel länger genießen – falls sie in der Lage sind, das für ein Schauspiel zu halten. Sie können auch ganz was anderes machen, sie können sich wehren, es wird nichts ändern an ihrem Schicksal, in zwei Stunden ist der letzte Zuschauer tot – ob er sich wehrt oder nicht, es wird unseren Zeitplan nicht in Unordnung bringen, sie sind machtlos. Das einzige, was ich ihnen sagen kann, wenn sie sich wehren, sie haben dann das Gefühl, etwas getan zu haben, was vielleicht der einzige Genuß ist, der heute noch zählt. Wir hatten vor, die Erschießung vor ihren Augen, sozusagen wie ein Schauspiel abzuwickeln. Wir haben aber entdeckt, daß so was nichts bringt. Man legt an. Schießt. Tot. Wie in der Kunst. Man peilt ein Thema an, trifft, und dann ist es erledigt, man kann das Thema abhaken, weglegen. Hier wird kein Thema behandelt, hier werden sie heute erledigt. Sie dürfen sich wehren, sie dürfen sich mit ihrem Nachbarn unterhalten, sie dürfen Gedanken austauschen, sie dürfen alles, was sie sonst auch dürfen – und wozu sich hier noch Gelegenheit bietet, Beifall klatschen. Zwei Sachen dürfen sie hier nicht, rauchen, rauchen dürfen sie hier nicht und den Raum verlassen. Wir werden sie der Reihe nach auf die Bühne holen, beinah hätte ich gesagt, wir werden sie bitten mit zitternder Stimme, wir zittern nicht, und wenn wir so tun, das alles sind Täuschungsmanöver, wir werden sie nicht täuschen, wir werden sie enttäuschen, was wiederum auch nur ein Wortspiel ist. Keine Spiele mehr, die Täuschung hört auf – um dem Leben einen Sinn zu geben, Zukunft, Kampf, Schach, neue Rasierapparate – und trotzdem kotzt es euch an, das Aufstehen am Morgen, die Erfolglosigkeit oder der Erfolgszwang, alles kotzt euch an, der Straßenverkehr kotzt euch an, ihr selbst kotzt euch an, liebt jetzt kurz euren Nachbarn, jeder den zu seiner Rechten, nein laßt es sein, es kommen nur neue Peinlichkeiten hoch, ihr liebt ja die Kunst, letzte Sinngebung des Lebens. Nun, ich will aufhören zu reden, viel lieber wären wir jeder etwas anderes. Oder bringt euch doch selber um, wartet nicht, bis ihr dran seid, wartet nicht, weil in jedem Warten auch ein Stück Hoffnung steckt. Das ist es, meine Damen und Herren, die Hoffnung, sie bekommen wieder Hoffnung, wenn sie nicht gleich dran sind, die Hoffnung nimmt mit den billigen Plätzen zu und nach vorn mit den teueren Plätzen, weiter zum Zentrum, ab. Ich bin das Zentrum – und sie haben die Hoffnung, daß sich irgend etwas ereignet, was das Spiel unterbricht, das gar kein Spiel ist. Sie denken vielleicht, daß das doch Theater ist. Daß es kein Theater ist, werde ich ihnen gleich beweisen, nicht ich werde die Erschießung vornehmen, sie werden von meinem Kollegen erschossen. Erst erschießt mein Kollege mich, dann werden sie von meinem Kollegen erschossen, der schon hinter dem Hauptvorhang wartet. Wirklich, ich bedaure, daß sie ins Theater gekommen sind, ich bedaure, daß sie hier Eindrücke sammeln wollten, lachen wollten, Einfälle besichtigen wollten. Sie wollten sich Erlebnisse schaffen, sie wollten ihr Bewußtsein erweitern, sie wollten sich mit Geist füllen, sie wollten sich aufbauen lassen für die kommenden Wochen. Was sie auch wollten, es ist nicht mehr zu machen, meine Damen und Herren, am liebsten würden wir ihnen den nackten Arsch zeigen. Wenn es so weiterginge, wie lange dauert das noch? Sie werden das Ende nicht erleben, sie werden gar nichts mehr erleben, sie werden von uns erschossen. Schluß, aus. Ich lasse mich zuerst erschießen. Leben sie wohl. Und da sie, wenn sie nach vorn gucken, nur Hinterköpfe sehen, prägen sie sich zum letztenmal ein Gesicht ein, das Gesicht eines Menschen. Meins! Merken sie, was jetzt für eine Stimmung aufkommt, sie erinnert an den süßlichen Schmerz, den man vornehmlich hat in der Oper – wenn die Heldin singend dahinstirbt. Sie wollten sich etwas vormachen lassen, vielleicht wollten sie auch Mut schöpfen, sie haben ihr bestes Kleid angezogen, sie sind vielleicht extra beim Friseur gewesen vorher – sie haben nicht erwartet, was sie hier erwartet, ich bin sicher, selbst wenn man ihnen gesagt hätte, daß uns das passiert jetzt hier, sie hätten es nicht geglaubt, und weil sie nichts glauben, darum sind sie ja hier, was sie nicht glauben, wollen sie hier erleben, und wenn sie's erlebt haben, zweifeln sie immer noch. Der ungläubige Thomas legte die Hand in die Wunde des auferstandenen Meisters. Keiner wird die Finger in unser zerbrochenes Genick legen. Unseren Tod wird keiner anzweifeln, aber wir werden auch nicht wieder auferstehn.

Auferstehung

Fische lagen am Strand, Bäume brachen tot aus dem Waldboden, die Menschen gingen gebückt unter der Last des Staubes, der in der Luft war und das Atmen erschwerte. Auch war viel Krach, der die Menschen verletzte. Es grassierte eine Gleichgültigkeit, die gleichkam einer Pest, nur war das Ergebnis ein anderer Tod – eben, und das war der Fortschritt, auf den alle stolz waren, abgewälzt auf die Fische, die Bäume, die Pflanzen, die Tiere, abgewälzt auf das Wasser, die Luft, die Erde, in der sich langsam die Risse vergrößerten. Sie taten sich auf als Schlund in die Hölle. Einige Menschen waren schon in der Tiefe verschwunden.

Frau: (hebt mit beiden Händen Grube aus, dann) WIR GEBEN DER ERDE EIN STÜCK KOHLE ZURÜCK. (legt ein Stück Kohle in die Grube, die mit ihren sehr schiefen Wänden nicht an ein Sargloch erinnert)

Mann: (baut im schnellfließenden Bach ein Wasserrad auf, das einen Fahrraddynamo antreibt. Am Dynamo Kabel und kleineres Lämpchen) WASSER SPENDET DER KOHLE WÄRME UND LICHT! (legt brennendes Lämpchen zur Kohle. Während anderenorts Hallenhalma zur vorolympischen Disziplin mit Strammstehen und Hosennaht erhoben wird, singt in der nahgelegenen Kneipe ZUR SCHWARZEN PUMPE ein Mann das zur Welthymne erhobene Lied: FRISS, TRINK UND SEI FRÖHLICH, EIN SKLAVE VERHUNGERT NICHT, IM MAULKORB IST BROT DRIN UND REICHLICH ZU TRINKEN)

Kind: (wirft ein Stück Kohle auf die Kohle) Ein Masaba ist ein Ritzrutz. (Mann, Frau, Kind gehen nach Hause. Das Wasser bewegt das Rad, das Rad dreht den Dynamo, Licht leuchtet, Wind weht Erde auf die Kohle)

Sie müssen nach Dessau fahren

Sie müssen nach Dessau fahren, sie müssen sich das Bauhaus angucken, aber vorher müssen sie zur Mulde laufen, diesem Fluß, der aus Zwickau kommt und aus dem Erzgebirge, sie müssen aus diesem Fluß einen Liter Wasser trinken, zwei Stunden später werden sie tot sein. Sie werden sich von der Mulde zurück zum Bauhaus schleppen mit furchtbaren Magenkrämpfen im Bauch, sie werden die Ruine des Dessauer Schlosses nicht mehr bewundern, sie werden im Bewußtsein der Dessauer als unangenehme Erscheinung zurückbleiben, denn ein in-Schmerzen-sich-Windender zeigt sich nicht auf der Straße, der legt sich ins Krankenhaus und stirbt dort und bleibt nicht am Ende liegen vor einem Gebäude, das Kunst ist. Keiner ist stolz auf dieses Gebäude, aber noch weniger sind die Menschen stolz auf einen Toten, der auf dem Fußweg liegt. Ein Fluß kann tot sein, eine Landschaft kann tot sein, das alles ist schlimm genug, daß man nicht darüber sprechen kann, aber ein toter Mensch, der auf dem Bordstein liegt, der dieses zum Himmel stinkende Wasser getrunken hat, der ist ein Idiot, der ist zwar jetzt nicht mehr am Leben, aber die Idiotie, die stinkt diesem Toten doch zum Hals raus. Und daß er zum Bauhaus wollte, na, die Nazis, die hatten doch recht, diese ganze Kunst zu verbieten, guckt euch doch mal unsere Stadt an, das kommt doch aus dieser Richtung, alles Bauhaus, ja, das schreien die Bürger, die sich am Ende sehr wohlfühlen in diesen Kasernen, diesem zurechtgezimmerten Wohlstandsvergnügen, das aus der Sklavenzeit stammt, sei trostreich im Schmerz, mach dir dein Abendbrot, bastel rum an der Fernsehantenne, freu dich über ein gutes Bild, das muß auch so sein, wohin soll man sonst blicken, als in eine ganz andere Zukunft, die aus einem mit Kunstlicht beleuchteten Studio kommt. Ach ja, die Realität, daß man sie überwindet.

Man darf nicht nachgeben

Babucke wußte, daß er da nicht mithalten konnte mit seinen Freunden, die alle die richtigen Verwandten hatten, alles Linke, manche ihrer Verwandten waren umgekommen im KZ, die Enkel konnten sich damit rühmen, so als hätten diese Verwandten eine Eisenbahn gebaut durch den Dschungel. Und in den Köpfen seiner Freunde war auch alles richtig, sie hatten ein positives Verhältnis zur Arbeiterklasse. Babucke hatte kein positives Verhältnis zur Arbeiterklasse, sein Vater war Arbeiter, ein Schlosser, vielleicht etwas mißtrauisch gegen alles, was neu war, aber das wars nicht, Babuckes Vater war ungebildet, langsam und bescheiden. Babuckes Mutter sagte manchmal: deine Freunde hängen die Fahne auch nur in den Wind. Babucke bestritt das. Selbst wenn es so wäre, der Wind war ja da, irgendwas hatte diesen Wind erzeugt. Babucke war unzufrieden mit seinem Zuhause, unzufrieden mit dieser proletarischen Küche, diesem proletarischen Wohnzimmer, in dem es nicht ein einziges Buch gab, in dem keine gescheiten Reden geführt wurden, in dem bestenfalls Halma gespielt wurde im Winter, ihm war das alles zu primitiv. Auch die Klagen seiner Mutter waren ihm zu primitiv, aber natürlich hatte sie recht, wenn sie klagte. Seine Mutter war eine fleißige Frau, und sein Vater war ein fleißiger Mann, aber wir kommen nicht aus dem Kreuz. Die Eltern seiner Freunde fuhren mit ihren Kindern jeden Sonntag mit dem Auto irgendwohin, diese Leute bildeten sich fortwährend, sie gingen

in die Galerien, ins Theater, ins Kino. Babucke bekam kein Geld fürs Kino, und wenn er gehen wollte, dann mußte er seine Eltern bestehlen, das kotzte ihn an, er wollte ja kein Dieb sein, er wollte großartig sein, gebildet und gut angezogen, nein, nicht gut angezogen, sondern normal, daß man nicht auffiel. Babucke fiel immer auf mit seinen billigen Hosen, seinen billigen Hemden.
Babucke wollte sich nicht weihen lassen, er wollte nicht wie eine Herde mit all den anderen auf eine Bühne getrieben werden und dann etwas geloben für den Staat, für die Zukunft und was weiß ich noch alles. Er wollte nicht wie alle das gleiche Buch in Empfang nehmen, und er wollte nicht artig dastehn vor seinen Lehrern und die Hand geschüttelt bekommen. Aber dann hatte er doch nachgegeben seinen Eltern zuliebe, die keinen Ärger wollten, die Angst hatten, sie könnten etwas verlieren oder er selbst, ihr Sohn, könnte etwas verlieren oder seine Zukunft in Gefahr bringen. Man muß mit den Wölfen mitheulen, sagte seine Mutter.
Jetzt stand er mit ihr und seinem Vater im Kaufhaus in der Herrenabteilung vor einer Reihe schrecklicher Anzüge. Nein, sie waren wahrscheinlich überhaupt gar nicht schrecklich, sie waren nur sehr normal wie wahrscheinlich alle Anzüge sehr normal waren, auch wenn sie aus besserem Stoff waren als diese hier. Babucke wollte keinen Anzug, sein Vater zischte ihn an: Was willst du überhaupt? Babucke zuckte die Schultern, raus wollte er, raus aus diesem Kaufhaus und überhaupt raus aus allem, vielleicht wollte er in die Alpen oder noch weiter weg ins Himalaja, irgendsowas finden, ein Refugium, ein Refugium der Freiheit. Auf einem Berg wollte er sitzen und irgendwelche Sprüche rausbrüllen. Aber in die Alpen kam er nicht, ins Himalaja schon gar nicht, ach diese

wahnsinnigen Träume, die man so hat. Sein Vater brummte: Nun was. Babucke sah an sich herunter: Vom Scheitel bis zur Sohle alles Bügelfalte. Er kam sich wie in eine Uniform gesteckt vor. Anzüge sind gemilderte Uniformen, oder der Anzug ist die Gewöhnung an die Uniform. Nein, diesen Anzug wollte Babucke nicht, aber er wußte, was er jetzt wollte, er wollte sich den häßlichsten Anzug aussuchen. Und dann fand er einen Anzug, hellgrün und kariert. Sein Vater guckte entsetzt: den nicht. Doch, sagte Babucke, er zog den Anzug an. Er paßte nicht, insgesamt war er zu groß, nur die Ärmel waren zu kurz. Der Anzug hängt an dir runter wie ein Sack, sagte seine Mutter. Das ist modern jetzt, sagte Babucke. Die Verkäuferin grinste. Für so einen Mist gebe ich nicht mein Geld aus, zwei Wochen muß ich dafür arbeiten, zwei Wochen. Babuckes Vater war verzweifelt, er wollte einen anständig gekleideten Sohn, darauf hatte er ein Recht, und er wollte sein sauer verdientes Geld nicht einfach in den Dreck werfen. Wer solche Anzüge produziert – das sind Verbrecher. Er hatte recht, der Anzug war der total häßlichste Anzug. Dieses häßliche Grün mit dem häßlichen Blau, die Schneiderinnen müssen kranke Augen bekommen haben beim Zusammennähen. Babuckes Mutter sagte überhaupt nichts, sie schämte sich, daß ihr Sohn in einem solchen Aufzug dastand. Zieh das Ding aus, sagte sein Vater. Wenn ich jetzt nachgebe, dachte Babucke, dann ist es aus. Immer gibt man nach, und wenn sie dir einreden, werde ein Schwein, dann wird man auch ein Schwein. Nein, ich darf jetzt nicht nachgeben. Babucke guckte in den Spiegel und zupfte an der Jacke herum, da war nichts zu machen, man bekam das Ding in keine Fasson. Babucke wußte auch nicht, ob er jemals den Mut haben würde, sich öffentlich mit diesem Anzug

zu zeigen, nein, lieber nicht, aber welchen Anzug dann, er guckte wieder zum Garderobenständer, wenn da irgendein Anzug gehangen hätte, der seinem Geschmack entsprach, dann wäre alles leichter gewesen. Aber wenn du unbedingt willst, sagte sein Vater, bitte, dann mach dich zum Clown und uns zu Idioten, bitte. Die Verkäuferin nahm zögernd das Geld in Empfang, als hätte sie gerade ein krummes Geschäft getätigt. Babucke wollte in die Kabine, um den Anzug auszuziehen. Anlassen, zischte sein Vater, ging in die Kabine, holte Babuckes Hose, das Hemd und die Jacke, steckte alles in ein Netz und verließ schweigend das Kaufhaus.
Frau Babucke lief ihrem Mann hinterher, aber nur paar Schritte, dann zögerte sie, sah ihren Sohn an, sah ihrem Mann nach. Aber Babucke wollte auch raus aus dem Kaufhaus, er trottete hinter den Alten her. Die Leute, schon im Treppenhaus des Kaufhauses, starrten ihn an. Vielleicht, dachte Babucke, halten sie mich für einen Ausländer, vielleicht für einen jungen Engländer, so einen Sherlok Holmes. Aber er fing doch an zu schwitzen, sicher nicht nur aus Verlegenheit, er war es einfach nicht gewohnt, einen Anzug zu tragen. Babucke holte seine Eltern nicht ein, er sah sie schweigend nebeneinander hergehen und auf die Straßenbahn warten. Babucke ging zu Fuß nach Hause, er nahm paar Nebenstraßen, um möglichst von keinem gesehen zu werden. Als er nach Hause kam, saß sein Vater in der Stube, er sagte nichts, er saß stumm da mit hängenden Schultern, ganz teilnahmslos, als ginge ihn das alles hier überhaupt gar nichts an, aber er saß da wie ein Klotz, und über den Klotz muß man steigen, wenn man Fuß fassen will in der Wohnung. Babucke sagte: Ich kann den Anzug von meinem Geld bezahlen. Ja, schrie sein Vater, das ist rausgeschmissenes Geld,

schmeiß es nur weg, schmeiß dich selber in den Dreck. Zwei Wochen muß ich für diesen Mist arbeiten, zwei Wochen, weißt du was das sind, zwei Wochen, er packte Babucke und riß an seinem Jackett, daß die Knöpfe abrissen. Schlecht genäht auch noch. Aber du ziehst ihn an, ich bestehe jetzt darauf, du ziehst ihn an zu deinem Jugendfirlefanz. Und wenn dich alle auslachen, ich werde dann mitlachen. Babuckes Vater war Fräser, er fuhr jeden Morgen mit dem Fahrrad in die Maschinenfabrik, um dort immer die gleichen Nuten in irgendwelche Wellen zu fräsen.
Babuckes Mutter sagte, wenn du schön grade gehst, dann gehts schon. Geh grade. Und sie boxte ihm die Faust ins Kreuz.

Frau 1

Das ist meine Heimat, verstehst du, meine Heimat, hier, hier, hier, und überall hier, das ist meine Heimat, da geh ich nicht weg, da geht keiner weg, wenn er nicht muß, verstehst, ich bin hier zu Hause, das ist meine Heimat, ich geh ins Theater, ich gehe ins Kino, ich gehe überall hin, aber ich gehe nicht weg, ich kann hier nicht weg, niemals kann ich, irgendwohingehn, das ist nicht weggehn verstehst du, weggehn ist Fremde, ich, wie soll eine Fremde, eine sich Fremde es aushalten in der Fremde, versteh mich, weil ich mir fremd bin, darum kann ich nicht weg, niemals. Überall die, die sich nicht zufrieden geben, die mehr wollen, mich auch noch, wohin fährt der Wagen, in welche Grube, auf welchem Paß soll ich erfrieren, ist Glück eine Leidenschaft, oder ist Glück ein Gefühl, jetzt will ich philosophieren, aus Angst vor dem Leben fange ich an zu philosophieren, werde Sprinter, werde Hürdenspezialist, wage den Sprung in die Arenen, ich habe den Sprung gewagt, zehnmal Sieger sein, oder Sieger sich aussuchen zum Vorbild, da mitfiebern mit sich oder mit seinen Helden, das ist die Kunst, geh unter im Strudel. Wie langweilig die Welt ist, überall Moralisten oder Soldaten, es gibt gar nichts anderes, Moralisten, Unterhaltungskünstler, Soldaten und die Zuschauer.

Frau 2

Mein Kaminbauer und ich. Aber der Mann kriegt keine Steine. Er will, aber kann nicht. Sehen sie mal, ich bin für die Zukunft. Ich weiß, daß der Satz ziemlich platt ist, aber spielen sie das mal. Wir und die Gegenwart. Hier, hier, wo stehen die Fundamente, sind sie überhaupt sicher vergraben, ich meine frostsicher. Kommt die Kälte ran oder nicht? Was auch heißt: hebts die Fundamente aus, oder hat es sie schon ausgehoben? Gegen wen geht eigentlich der Terror? Gegen die Masse. Nun, gegen die Masse ging der Terror doch immer. Wir, die wir oben mitgemischt haben, wir haben unseren Fleischer. Aber dafür haben wir auch gekämpft. Wenn die Masse so fleißig wäre wie ich, dann sähe es hier weiß Gott ganz anders aus. Es gibt wenige, die mich verstehen, aber mein Fleischer versteht mich. Ich sage nicht, daß der Mann Blut geleckt hat oder ich. Habe ich Blut geleckt? Sehe ich so aus? Ich bin anders als die anderen. (schreit) Wieso bin ich denn so arrogant? Glauben sie, es macht mir Spaß, meinen stabilen Klodeckel aus dem Westen importieren zu müssen?

Menschengehirn im Bauch einer Milchkuh

Filippi setzt sich in die U-Bahn, er war auf dem Weg ins Ministerium, um seine Reisepapiere abzuholen. Im Ministerium wurde ihm mitgeteilt, daß er die Reisepapiere nicht bekommen kann, weil u.s.w., Filippi hörte nicht mehr zu, hörte auch nicht, daß die Entscheidung gar nicht gegen ihn gerichtet sei, daß man ihn nach wie vor sehr hoch schätze, aber weil die internationale Lage Brummkreisel und Schotter und Wetterberichte und Benzingestank u.s.w., auf der Tischdecke im Ministerium war ein brauner Kaffeefleck, wieso braun, braun braucht man doch nicht zu sagen, braun sind sie sowieso, dachte Filippi, also nur Kaffeefleck und im Aschenbecher waren sieben Zigarettenkippen, alle wahrscheinlich von der gleichen Marke, und die Brillengläser der Frau, die mit ihm sprach, waren eingefärbt, auch bräunlich mit einem perlmuttenen Schimmer. Ein Flugzeug flog über das Ministerium, und überhaupt sagte die Frau wieder: Es geht nicht gegen sie. Die Fensterscheiben, dachte Filippi, müßten mal wieder geputzt werden, der Dreck macht den Himmel noch grauer, die Fensterscheiben müßten mal wieder geputzt werden, und dann dachte Filippi noch: Menschengehirn im Bauch einer Milchkuh. Die Frau mit den eingefärbten Brillengläsern lächelte, und an den Wänden waren Regale, vollgestopft mit dicken Schnellheftern, auch dünne Schnellhefter waren darunter, aber alles waren Schnellhefter. Das Telefon klingelte, die Frau nahm ab und sagte: später. Und sagte dann zu Filippi: Sie sind nicht der einzige. Und da fielen Filippi die vielen Milliarden Menschen ein, die es auf der Welt gibt, paar Milliarden würden von ihrer augenblicklichen Existenz gar nichts wissen, weil sie jetzt schlafen, Filippi kam darauf, weil er auch müde war, und es ging ihm wie manchmal in der Kneipe, wenn er angetrunken dasaß, daß er nicht aufstehen wollte, also sitzen blieb und sich noch ein Bier bestellte und noch eins, bis er ganz besoffen war, wie jetzt von den Worten der Frau, die ihn mit ihrem Lächeln an eine Lehrerin erinnerte, die er in der siebenten Klasse hatte, die so überzeugt war von einer glücklichen Zukunft, in die man ungehindert hineinwuchs, daß sie gar nicht mehr aufpaßte beim Überqueren der Straße und von einem Auto überfahren wurde und auf der Stelle tot gewesen sein soll. Das Telefon klingelte wieder. Die Frau sagte: Das ist mein Störenfried und nahm den Hörer ab. Ihr Kunststoffkleid hatte unter den Achseln weiße Schweißränder. Nein, nein, sagte die Frau, ich habe zu tun, legte den Hörer auf, nickte mit dem Kopf, sagte: ja, hatte wieder das Lächeln der Biologielehrerin im Gesicht, die längst tot war und sagte: Auch ich bin nicht glücklich darüber. Die Tür ging auf, und man sah einen Männerkopf, der sagte: Kommst du mit essen? Aber es gibt heute nur Nudeleintopf. Die Frau sagte: Bring mir zwei belegte Brötchen mit. Filippi fiel die U-Bahn ein, in der er vorhin gesessen hatte und ein junger Mann einem anderen jungen Mann das Kabel zu seinen Kopfhörern durchgeschnitten hatte. Der graue Männerkopf verschwand wieder, die Tür ging zu, die Frau sagte: Taubenschlag, bot Filippi eine Zigarette an und sagte noch einmal: Auch ich bin nicht glücklich darüber. Filippi rauchte, und die Frau rauchte. Dann sagte Filippi: Gedankentiefe. Das machte die Frau unsicher, und sie schob nervös die Zeitung hin und her. Filippi starrte auf die Zeitung, deren Schlagzeile lautete: Neue Anlagen von Kühlautomat für Atlantiktrawler. Aus dem verwelkten Asternstrauß fiel ein Blütenblatt auf den Schreibtisch zu den anderen Blütenblättern. Wenn die Blütenblätter aus Eisen wären, könnte man, dachte Filippi, sagen: Schrotthaufen aus Blütenblättern. Er sagte laut: Ich denke zu viel. Und die Frau sagte: Wir haben uns nichts mehr zu sagen. Da sagte Filippi: Ich liebe sie. Die Frau bekam einen roten Kopf, spielte wieder mit der Zeitung, daß man die nächste Schlagzeile sah: UNO-Vollversammlung begann Generaldebatte und Filippi sagte: Also sind das auch alles nur Schlachtenlenker und verhinderte Panzerfahrer. Die Frau wußte nicht, woher Filippi diesen Satz nahm, wurde noch einmal rot und Schweißperlen bildeten sich auf ihrem Gesicht, das durchaus kein häßliches Gesicht war. Ich muß dann gehen, sagte die Frau. Sie können jetzt nicht gehn, sagte Filippi, sie müssen auf ihre belegten Brötchen warten. Die Frau sagte: Ich habe mir viel Mühe gegeben, ihnen alles zu sagen, aber mehr kann ich für sie nicht tun. Zwei tote Fliegen lagen auf einem Schnellhefter und Filippi dachte, verwelkte Astern und tote Fliegen, es ist hier wie auf dem Altartuch in einer evangelischen Kirche. Ich danke ihnen, sagte Filippi, aber wofür, sagte die Frau, sie hatte jetzt ihre Lesebrille aufgesetzt, guckte über den Rand, das war ein Vorgang so von innen nach außen, wie ein Schluckauf oder ein Kotzen oder wie ein sich Umkrempeln, und Filippi bekam Angst, daß der Frau das Gehirn aus dem Kopf rutscht und auf die Tischplatte fällt. Er stand auf, sagte Wiedersehen und hatte, weil das doch eine Frau war, kurz das Verlangen sie zu umarmen. Filippi verließ das Zimmer, noch bevor der grauhaarige Mann die belegten Brötchen gebracht hatte.

Er fuhr mit der Straßenbahn nach Hause und merkte, daß er vor einer Woche schon einmal in dem gleichen Wagen gefahren sein mußte, er merkte es an der Türklinke, die ganz spannungslos nach unten hing und während der Fahrt schaukelte. Aber es konnte auch sein, daß jetzt in jedem Straßenbahnwagen eine Türklinke spannungslos herunterhing, Filippi war seit seinem Erlebnis mit der spannungslosen Türklinke vor einer Woche nicht wieder Straßenbahn gefahren. Er schaute aus dem Fenster, er sah eine Frau mit großen roten Ohrringen, dann zählte er die toten Bäume. Als Filippi den zwölften toten Baum gezählt hatte, fiel ihm Horvath ein, der in Paris von einem herunterstürzenden Ast erschlagen worden war. Das jedenfalls stand ihm nicht bevor, zumindest nicht in Paris. Zuhause kochte Filippi sich einen Topf Pellkartoffeln, und während die Kartoffeln kochten, schoß ein Mann in einem blauweißen Pullover auf dem Hof mit einem Luftgewehr in die Holunderbüsche.

Babucke wollte früh nach Wernigerode fahren und abends zurück. Babucke stand um fünf auf, frühstückte und fuhr zum Bahnhof Schöneweide. An diesem Tag fuhr der Zug, was Babucke nicht wußte, aus technischen Gründen acht Minuten früher. Also verpaßte Babucke den Zug. Der nächste Zug nach Wernigerode fuhr neun Uhr zwanzig ab Lichtenberg. Babucke hatte also gut drei Stunden Zeit. Er wußte nicht so recht, was er in dieser Zeit anfangen sollte. Er fuhr in den Treptower Park, setzte sich ans Spreeufer und wunderte sich, daß sich die Schwäne in dem Dreckwasser so wohl fühlten. Als es anfing zu regnen, stellte sich Babucke unter das Vordach einer Imbißstube, die aber noch nicht geöffnet hatte. Als es aufgehört hatte zu regnen, verfütterte Babucke drei angebissene Schrippen, die er an der Imbißbude gefunden hatte, an die Schwäne. Babucke machte das nicht aus Tierliebe, denn Schwäne, die in einem so dreckigen Wasser rumschwammen, konnte er überhaupt nicht leiden. Er hoffte nur, daß mit dieser Arbeit die Zeit schneller vergehen würde. Als es wieder anfing zu regnen, stellte sich Babucke wieder unter das Kioskvordach, kramte aus dem Abfalleimer noch mal paar Schrippen raus und fütterte, als der Regen wieder aufhörte, nochmals die Schwäne. Dann fuhr Babucke nach Lichtenberg, was reibungslos klappte. Der Zug, der neun Uhr zwanzig in Lichtenberg abfahren sollte, kam mit gut zwei Stunden Verspätung dort an. Babucke brauchte in den Zug gar nicht mehr einzusteigen, weil er den Abendzug nicht mehr erreicht, geschweige denn seine beste Freundin gesehen hätte, die er in Wernigerode besuchen wollte. Aber weil Babucke nicht wußte, was er mit diesem Tag anfangen sollte, setzte er sich doch in den Zug, fuhr bis Magdeburg und hatte Glück, daß der verspätete Vormittagszug rechtzeitig in Magdeburg ankam, um den Abendzug, der aus Wernigerode kam, zu erreichen. So kam es, daß Babucke, ohne in Wernigerode gewesen zu sein, doch mit dem Zug aus Wernigerode wieder in Berlin eintraf. An seine Freundin schrieb er folgenden Brief. Liebe Olga,...

Harzreise

Was ein tausendjähriger Friede doch alles anrichten kann. Überall fröhliches Kinderlachen oder Rockmusik. Meistens beides, meistens noch mehr. Bockwurstgeruch, das Autogehupe und der Benzingestank und der und die, alle erholen sich. Wovon? Von der Arbeit, oder weil es so zu sein hat, daß man im Sommer wegfährt irgendwohin, dann Angst hat vor der Langeweile. Irgendwas muß doch gemacht werden außer essen und trinken und schlafen. Man muß auf die Berge rauf klettern, die hier im Harz zum Glück nicht so hoch sind. Denn was soll man machen, wenn man nach dem Frühstück schon anfängt zu trinken, dann ist man ja mittags schon besoffen. Also geht man einkaufen. Oder versucht etwas zu finden, das man einkaufen könnte. Man rennt zum Beispiel in Wernigerode durchs Stadtzentrum, pausenlos und immer im Kreis. Auf dem Schloß, das jetzt ein Feudalmuseum ist, aber eigentlich in seiner jetzigen Verfassung niemals ein richtiges Schloß gewesen ist, da war man ja schon und hat die Kanonen bestaunt und die Gewehre. Also nicht nochmal hoch. Also irgendwas einkaufen, damit man was Bleibendes mitbringen kann aus dem Urlaub. Eine Brokkenhexe. Aber was soll man mit einer solchen Puppe? Hexen gibts sowieso nicht, auf den Brocken darf man nicht rauf. Grenzgebiet. Alles ist Wahnsinn. Auf den Landkarten, die man einkaufen kann, ist der Brocken schon nicht mehr eingezeichnet, da fehlt das Beste, schon auf der Landkarte, sozusagen, wenn man in den Harz

fährt, da fehlt das Salz in der Suppe, schon auf der Landkarte. Man hat dann Mühe, sich zu orientieren und überall der Bockwurstgeruch in dieser so eindeutig deutschen Republik. Aber der Brocken wird dankbar sein, daß er verschont bleibt von dieser Urlauberplage, die bald das ganze Gebirge breitgelatscht haben wird. Aber es gibt auch andere. In Elbingerode sahen wir morgens einen jungen Mann vor dem Zelt sitzen und abends, als wir von unserer Wanderung zurückkamen, saß er immer noch in der gleichen Haltung auf seinem Campingstuhl. Wir nehmen natürlich an, daß er in der Zwischenzeit mal auf dem Klo war oder sich sonstwie Bewegung verschaffte, indem er mit seinen Händen die Mücken verscheuchte. Aber auf irgendwas schien der junge Mann gewartet zu haben, auf die Sonne vielleicht, die in diesem Sommer nicht so richtig durch die Wolken kam, oder auf ein junges Mädchen, aber die zu ihm paßt, die sitzt wahrscheinlich auch auf einem Campingstühlchen und wartet. Wie sollen die beiden zueinander finden? Es geht nicht. Das sind die Tragödien, die sich so abspielen im Urlaub und vielleicht große Ehekonflikte verhindern.
Ganz anders die jungen Burschen aus Mecklenburg. Früh um zehn waren sie schon wieder betrunken oder noch besoffen vom Vorabend. Sie liefen in kleinen Gruppen über den Zeltplatz und suchten Streit. Da keine Streitpartner außerhalb ihrer Gruppe zu finden waren, weil keiner so richtig mitspielen wollte, mußte innerhalb der Gruppe selber gestritten und geschlagen werden. So sah man dann auch Fäuste in die Fresse des Kumpels fliegen. Aber auch diese Burschen warteten eigentlich auf irgendwas anderes. Da das andere nicht kam, ein toller Autounfall mit paar Toten vielleicht, ich weiß es nicht, man will diesen starken Jungmännern schon wegen ihrer harten

Fäuste nicht zu nahe treten, begnügten sie sich mit den kommißhaften Sauf- und Haugelagen. Die leeren Flaschen fielen krachend gegen die Zeltplatzumzäunung.

Kurz vor fünf war Babucke aufgestanden, essen konnte er nichts, er war zu müde, zu aufgeregt. Um sechs stand er auf dem Bahnhof. Was ist das für ein Leben, dachte er, da kommt ein Brief ins Haus, der einen anweist, da und da hat man zu sein, und man macht sich auf den Weg. Man läßt seine Freundin im Stich, das ist es doch, man läßt alles im Stich, sein Zuhause, die Freunde und Bekannten, eine tausendmal gedachte Scheiße, warum hakt sich das so im Gehirn fest. Es geht alles vorüber sangen irgendwo welche. Was meinten denn die, was vorübergehen soll, das Leben eine Not, also sangen sie, als ob das die größte Hoffnung ist, die ein Mensch hat, daß alles vorübergeht. Haben die den Glauben verloren an die Menschen, oder habe ich den Glauben verloren? Zwanzig Jahre und keine Hoffnung, nicht eine Ahnung, was das sein könnte. Der Zug kam, die Bremsen quietschten, man brauchte nur eine Kamera draufzuhalten auf das Ganze, das wäre ein Film geworden. Aber die Menschen hätten nicht den Eindruck, daß sie gefilmt würden, es würde immer die stinkende Realität bleiben, genauso stinkend wie dieser Bahnhof, so unerheblich, daß man lieber weggucken möchte. Und nicht mal mehr Dampf erzeugen die Lokomotiven, sie kommen angebraust wie verhinderte Panzer, machen Krach, aber Lokomotiven sind etwas Großartiges, und die Lokführer sind etwas Großartiges. Als ob sich das gar nicht schert um ein Ganzes. Das bewegt sich, hört aber keine Abendnachrichten, das weiß nichts von der Welt, bewegt sich drüberweg.

Im Zug hatte Babucke ein ganzes Abteil für sich. Er hätte

nicht als erster in den Zug einsteigen sollen, er hätte warten und sich dann ein Abteil aussuchen sollen, wo Leute saßen, die er sich gern angeguckt hätte, oder mit denen er gern ins Gespräch gekommen wäre. Aber was hätte er sagen sollen? Daß er jetzt einrücken muß in die Kaserne, wie sagt man das? Daß man irgendwohin fährt, um Soldat zu werden. Durch den Zug tobten die Jungs und sangen immer noch: Es geht alles vorüber. Daß sie immer noch sangen, vielleicht nur deshalb, weil sie's gar nicht so recht glaubten, daß es vorüber geht. Sie kamen in Babuckes Abteil rein und erzählten sich pausenlos Geschichten, wie man es machen muß, um sich vor Tripper zu schützen.

Felix Satan

Während die Stimme des Nachrichtensprechers verkündete, daß die Eisenbahnstrecke von Nord nach Süd jetzt durchgängig elektrifiziert sei, erinnerte sich der Rentner Felix Satan an den Schienenwolf, mit dem er vor vielen Jahren als junger Soldat das russische Riesenbahnnetz, wie sie es nannten, umgepflügt hatte. Er stand in der Küche gegen den Schrank gelehnt und fragte sich, ob es sich lohnt, in die Stube zu gehn und, fragte er sich weiter, ob es sich lohnt, dann von der Stube wieder in die Küche zu gehn. Da fiel ihm ein, daß er in die Stube gehen wollte, um die Fahne aus dem Fenster zu hängen, weil ein Staatsfeiertag vor der Tür stand. Er sagte sich plötzlich, daß er überhaupt kein Recht habe, die Fahne aus dem Fenster zu hängen, weil er vor so vielen Jahren mit viel Lust den Schienenwolf bedient hat in Rußland und weil russische Soldaten seine Frau vergewaltigt hatten und Engländer und Amerikaner die Vorstadtvilla seiner Eltern bombardiert hatten, aber daß er mit seinen Russischkenntnissen, die er sich im Krieg erworben hatte, seinen eigenen Kindern ein guter Lehrer war und daß er einen Teil seines ingenieurtechnischen Wissens in die russische Sprache und umgekehrt das Wissen seiner Moskauer Kollegen in die deutsche Sprache übersetzt hatte.

Treppenlicht

Herr Dr. Bär, der ein Abteilungsleiter war in einem Ministerium, viele Auszeichnungen und Orden für seine Tüchtigkeit bekommen hatte, kam selten vor Mitternacht nach Hause. Kurz vor Erreichen seiner Wohnung, die im vierten Stock lag, ging jedesmal das Treppenlicht aus. So kam es hin und wieder vor, daß Dr. Bär seine Nachbarn aus dem Bett klingelte, weil er beim Suchen des Lichtschalters auf den falschen Knopf gedrückt hatte. Dr. Bär entschuldigte sich höflich, konnte dann, weil ihm das peinlich war, vor Schreck gar nichts sagen. Am andern Tag entschuldigte sich die Frau von Dr. Bär. Mein Mann, sagte sie, mußte mit seinen Kollegen feiern, er hat wieder eine Auszeichnung bekommen. Womit aber nicht gesagt ist, daß Dr. Bär jedesmal, wenn er eine Auszeichnung bekam, den Lichtschalter nicht fand. Auch könnte es sein, daß Dr. Bär manchmal trotz Auszeichnung und obwohl er betrunken war, den Lichtschalter fand, was wiederum heißt, daß seine Nachbarn nicht von allen Auszeichnungen wußten.

Überall Staub, und die Tapeten lösen sich auch schon von den Wänden

Babucke

1.

Überall Staub und die Tapeten lösen sich auch schon von den Wänden, aber ich kann mich nicht um meinen privaten Dreck kümmern, ich habe zu tun – die meisten Wege macht unsereins sowieso doppelt! Gestern wollte ich Tinte einkaufen, es gab nichtmal Tinte! Heute wollte ich Linsen einkaufen, es gab keine Linsen, dafür gabs wieder Tinte. Ich hab Tinte gekauft, und ich hab ein Glas Makkaroni mit Tomatensauce gekauft. Die Makkaronis haben mir nicht geschmeckt. Jetzt sitze ich hier und schreibe einen Brief an die Konservenfabrik. Sehr geehrter Herr Direktor: Sie haben sich zur Aufgabe gemacht, eine Fabrik zu leiten, die Makkaronis mit Tomatensauce produziert. Vielleicht haben Sie sich nicht freiwillig auf diesen Posten gesetzt, vielleicht hat man Sie gezwungen, diese Fabrik zu leiten. Egal wie es ist, haben Sie schon mal die Makkaronis gekostet, die in Gläsern verpackt Ihr Werk verlassen? Wenn ja, und Sie waren zufrieden, dann sind Sie kein Feinschmecker. Aber ein Mensch, der kein Feinschmecker ist, sollte keine Konservenfabrik leiten. Vielleicht sagen Sie jetzt: Warum esse ich diese Makkaronis, warum esse ich nicht in der Betriebskantine, denn sicherlich sind Sie, wie ich, ein werktätiger Mensch. (laut) Ja, ich bin ein werktätiger Mensch! Ich arbeite in der Poststelle eines Maschinenbaukombinats. Der Kombinatsdirektor kennt mich persönlich. Wir grüßen uns. Auch der Minister, der ein guter Freund unseres Kombinatsdirektors ist, kennt mich. Mich kennen alle. Und nicht nur, weil ich die gesamte Kombinatspost sortiere und austrage. (betont) Ich bin jetzt achtunddreißig Jahre alt, arbeite seit fünfzehn Jahren in der Poststelle, meine Arbeit hat noch kein Mensch kritisiert! Zur Zeit bin ich krank, ich habe Rheuma, ich liege meistens mit starken Gliederschmerzen im Bett, ich kann also gar nicht am Betriebsessen teilnehmen. Auch gehe ich in keine Gaststätte mehr, denn wegen des Rheumas habe ich auf Anraten meiner Ärzte das Biertrinken und sonstigen Alkoholgenuß ganz eingestellt, was mir, ehrlich gesagt, sehr schwer fällt, zumal es meinen Appetit so anregt, daß ich pausenlos essen könnte. Aber Ihre Makkaronis kann man nicht essen! (aufgebracht) Mehl, Eier, Salz, das sind doch wertvolle Produkte, aber wie gehen Sie damit um! Und die Tomaten. Die Tomaten sind vielleicht in Rumänien gewachsen. Waren Sie mal in Rumänien? Ich war in Rumänien! Dort geht es den Menschen schlecht. Ich will nicht sagen, daß die Menschen dort hungern, sowas sagt man nicht, denn die Menschen halten sich ja alle am Leben. Aber immerhin könnten die Tomaten in diesem Land gewachsen sein, wo das Brot rationiert ist, der Zucker, das Mehl, Speiseöl und vielleicht auch die Tomaten, die Sie in ihrer Fabrik entwerten. Ja, entwerten. Warum machen Sie das? Oder mißachten Sie die Menschen, für die Sie produzieren? Nein, das kann nicht sein. Wahrscheinlich haben Sie selber niemals im Leben Qualität erlebt, daß Sie darum gar nicht auf den Gedanken kommen, selber Qualität erzeugen zu wollen. Trotzdem, wenn ich mehr Macht hätte, ich würde Sie zur Verantwortung ziehen – leider habe ich keine Macht, ich bin nur die rheumakranke Poststelle, wir gehören zur Schwerindustrie, das sollte Ihnen zu denken geben. Ich grüße Sie und warte auf Antwort. Robert Babucke.

(stolz) Ein scharfer Brief, ein ehrlicher Brief. Ich müßte aber tausend solcher Briefe schreiben. (flüstert) Ich müßte mich beschweren, daß die Luft so schlecht ist, daß es zu viel Krach gibt auf den Straßen, weil die Straßenbahnen zu laut sind, ich glaube, lange halte ich das nicht mehr aus. Ich (überlegt) ich sage viel zu oft ich, ich bin wahrscheinlich ein Egoist, denke nur an mich, es beschwert sich ja sonst keiner. Ich habe noch nie gehört, daß sich jemand über die toten Bäume in unserer Straße beschwert hat – oder daß sie, wie ich es erlebte, in mir eine Traurigkeit erzeugten, daß ich auf meinem Küchenstuhl saß und weinen mußte. Neulich hat man zum Beispiel den Hof hinter unserem Haus betoniert. Mich hat das so erregt, daß ich nur noch stottern konnte, aber sonst hat keiner gestottert, denn alle finden den betonierten Hof sauber und besser als das bißchen Gras, das vorher drauf wuchs. Auch ist, sagte mein Nachbar, die Kastanie, die dabei drauf ging, immer nur ein Strunk gewesen. (schreit) Ja, die Maurer haben eine Kastanie abgehackt, um Raum zu schaffen für einen Mülltonnenplatz, der auch betoniert wurde. Ich habe diesen Mülltonnenplatz, weil er aus roten Steinen gemauert ist, das rote Mahnmal der KWV getauft. Sie, sagte draufhin mein Nachbar, Sie, sehen Sie sich vor.
Ich müßte schreiben und die abgehackte Kastanie einklagen, ich müßte das zubetonierte Gras einklagen, zwei wilde Johannisbeersträucher, einen Berberitzenstrauch – und ich müßte den Maurermeister verklagen, der, als ich mich vor den Baum gestellt habe, um ihn zu beschützen, einfach mit der flachen Hand gegen meine Brust stieß, daß ich umgefallen bin. Ja, ich müßte alle Menschen verklagen, die Beton nützlich finden und schön. Manchmal möchte ich uns alle in die Luft sprengen. Oder einfach

nur Dummköpfe brüllen. (schreit) Dummköpfe, Dummköpfe. Ihr habt unseren Hof ermordet!

Frauenstimme: (schreit) Bevor sie sich um den Hof kümmern, halten sie erstmal ihre Wohnung sauber!

Babucke: (verunsichert) Das stimmt. Ich müßte mich mehr zusammenreißen, ich müßte öfter zu Besen und Kehrschaufel greifen. (wieder sicherer) Ich sollte mir einen Staubsauger anschaffen. Aber bevor ich mir einen Staubsauger kaufe, müßte ich mir einen Teppich kaufen, denn ohne Teppich hat ein Staubsauger wenig Sinn. Aber trotzdem betrübt mich die fehlende Kastanie mehr als der noch nicht vorhandene Teppich. Fenster zu und die ganze Welt bleibt draußen. (Stille)

2.

Ich habe die ganze Nacht nicht geschlafen, mir ging der Brief an den Direktor der Konservenfabrik nicht aus dem Kopf. Einerseits bin ich nicht sicher: habe ich mich verständlich ausgedrückt, andererseits: darf ich einen wildfremden Menschen, bloß weil mir seine Makkaronis nicht schmecken, mit Vorwürfen angreifen? Dieser Werkdirektor hat sicherlich viele Feinde und Neider, die nur darauf warten, daß ich ihm eine Falle stelle, damit sie seinen Platz einnehmen können. In welches Unglück, bloß weil mir seine Makkaronis nicht schmecken, würde ich diesen Menschen stürzen, der möglicherweise sogar eine Frau ist? (laut, programmatisch) Ich kann doch meinen Geschmack nicht zum allgemeingültigen Geschmack erheben, ich kann doch nicht einen Werkdirektor, der vielleicht Sorgen hat mit seinen Kindern oder mit der Planerfüllung in seinem Betrieb – man weiß doch, wie sies uns auflasten, mehr, immer mehr, daß Qualität gar keine Rolle mehr spielen kann. Nein, ich kann diesem Werkdi-

rektor keine zusätzlichen Probleme an den Hals schaffen mit meinem Brief. Oder doch? Ich bin, hat der Chefkonstrukteur unseres Betriebes zu mir gesagt, nicht tolerant genug, ich bin innerlich zu sehr verhärtet, er spielte auch auf mein abgebrochenes Universitätsstudium an, das der Grund wäre für die miese Lage, in die ich mich immer wieder hineindenke. Ja, ich hätte es weiter bringen müssen in diesem Leben. Aber was weiß denn dieser Chefkonstrukteur, ihn hat nicht im Studium die beste Freundin verlassen. Diesen glattgebügelten Kerl verlassen die Frauen nicht. Sie laufen ihm nach. Auch meine Chefin bekommt in seiner Nähe sehr runde Augen. Aber mir hat sie einmal die aufgerissene Ärmelnaht meiner Jacke wieder zusammengenäht. Was will sie denn noch. Ich würde, wenn ich eine Frau wäre, niemals einen Chefkonstrukteur liebhaben können! Ich kann mir solche Worte herausnehmen, weil ich schon als Kind ein von allen bewunderter Mensch war. Ich habe sogar auf der Schulabschlußfeier mit meiner Geige brilliert. Einen Vivaldi hab ich gespielt. Damals war ich achtzehn. (Stimmen und Anklingen der Geigensaiten) Leider habe ich zu viele Jahre mein Geigenspiel vernachlässigt. Die Finger sind steif geworden, auch sitzt mir das Rheuma zu tief drin in den Knochen. Auf einem sehr mittelmäßigen Stand ist meine Kunst jetzt.
(Spielt paar Takte Vivaldi. Verkrampftes Vibrato, unsaubere Bogenführung. Das Ganze sollte nicht grob, sondern wie eine sehr eigenwillige Interpretation klingen, die mit sehr sauber gespielten Tönen durchsetzt ist.)

3.
Aber es geht doch, es geht doch wunderbar, drei Tage habe ich intensiv geübt. Wahrscheinlich werde ich beim

nächsten Betriebsvergnügen mit meiner Geige das kulturelle Niveau dieser Veranstaltung erhöhen – was auch sehr notwendig ist! Und dann werde ich mir Rederecht verschaffen vor allen Menschen. Fahrt weniger Auto, werde ich sagen, sprengt allen Beton in die Luft – und wenn sie dann ans kalte Buffet stürmen, werde ich schreien: meßt euren Wohlstand nicht am Wohlstand der amerikanischen Millionäre, denkt auch mal an das armselige Afrika, dem wir die Apfelsinen wegfressen. Nein, nein, nein. Ich bin verrückt, ich muß mich wieder gesundschreiben lassen, ich halte das zu Hause nicht aus. Es kommt ja auch keiner, der mich besucht. (laut) Was wurde nicht schon alles geschrieben über die Einsamkeit von uns Menschen. Nun, mich betriffts nicht, ich bin zwar einsam, aber ich fühle mich nicht einsam, ich komme sehr gut zurecht mit mir. Wer sollte mich auch besuchen? Die Chefin der Poststelle oder der Chefkonstrukteur? Weiß Gott, ich sehe doch, was sie alles falsch machen. Der Chefkonstrukteur hat Angst vor mir. Vor den Versagern haben alle Angst. Und warum? Weil wir uns nicht anpassen an die jeweiligen Haarmoden, die Steilheit der Bügelfalten und auch den schwarzen Rauch aus den Schornsteinen nicht einfach hinnehmen, der das Sonnenlicht so stark filtert, daß es nicht mal mehr Schatten erzeugt. So sind wir! Ich werde mir auch keinen Teppich kaufen oder sonst einen textilen Untergrund. (erstaunt) Textiler Untergrund! Was mir doch manchmal für Worte einfallen, wahrscheinlich steckt in mir doch das Zeug zu etwas ganz Großem.
Nein, ich werde den Brief an den Direktor der Konservenfabrik nicht abschicken. Vielleicht hat er ähnliche Sorgen wie ich. Solche Leute will ich nicht zu meinen Feinden machen. (abfällig) Makkaronis, wenn sie auch noch

so gut gemacht wären, sie könnten mir nicht meine Medizin ersetzen. (läßt Medizin auf einen Löffel tropfen) Daß diese Tropfen sehr schlecht schmecken, darüber beschwert sich ja auch keiner. Jetzt habe ich mich verzählt. Ich muß noch einmal anfangen. (läßt Medizin auf einen Löffel tropfen)

4.
Fünf Wochen war ich nicht im Dienst, schon geht alles drunter und drüber. Meine Chefin hat sich nicht mal um den Abreißkalender gekümmert. Es interessiert sie nicht, was auf der Rückseite der Kalenderblätter steht. Sie interessiert sich für überhaupt nichts. Zum Beispiel stand am 29. April: Adam verlor das Paradies nur darum, weil es ihm geschenkt wurde. Das hat Friedrich Hebbel geschrieben. Dieser Friedrich Hebbel, ich glaube nicht, daß das stimmt. Erstens: Adam hat das Paradies nicht verloren, es wurde ihm weggenommen! Zweitens: dem Adam wurde das Paradies gar nicht geschenkt, an Geschenke werden doch nicht solche irrsinnigen Verhaltensregeln geknüpft, die einen wie den Adam zu Fall bringen mußten. (betont) Hebbel, Hebbel, du hast mich enttäuscht. Auch du wolltest die Schuld auf die kleinen Leute abwälzen. Überhaupt muß man sich zu den Texten auf den Abreißkalendern sehr mißtrauisch verhalten. Was da alles steht. Mal wird ein neues Fleischgericht beschrieben, mal meldet sich ein Politiker mit halbklugen Sätzen zu Wort, mal ein Kosmonaut. Heute wurde beschrieben, wie man am besten Dübelmasse verarbeitet. (leise) Ich bin nicht arrogant, aber solche Sätze sind mir kein Ansporn, mich noch einen Tag länger über Wasser zu halten. Was sie mal reinschreiben müßten in den Abreißkalender, die Gedichtstrophe von Alexander Blok:

Laß nur die Düsterkeit, die nichts
Von seinem wahren Wesen war,
Er war gewiß ein Kind des Lichts,
Ein Sieg der Freiheit ganz und gar.

(Violinenmusik)

5.

(Sehr fröhlich) Ich habe mich heute im Fernsehen gesehen! Obwohl ich mich nicht extra zurechtgemacht hatte für dieses Ereignis wie unsere Damen, hat man mich doch voll reingenommen ins Bild. Jedenfalls bin ich mir ziemlich sicher, daß ich es war, der dort stand. Denn dort stand ich ja wirklich, im Speisesaal, drei Meter neben der Wanderfahne, die der Minister uns überreichte. Darum war er ja anwesend. »Da ist er ja, der stumme Diener der Schwerindustrie.« Das hat der Minister zu mir gesagt und mir beide Hände geschüttelt. Stummer Diener, da habe ich ja meine Zensur weg. Immerhin durften wir nach der Feier kostenlos essen und trinken. Obwohl mir einige Kollegen mehrmals ein Glas Bier aufschwatzen wollten, am Trinken habe ich mich nicht beteiligt. Trink doch, Babucke, komm doch, Babucke, sie haben mir sogar Bierschaum ins Gesicht reingepustet. Die denken alle, der Trottel, der ist nicht stark. Da aber irren sich alle gewaltig. Nun gut, wer kann schon reinschauen in einen Menschen. Ich habe also nicht mitgetrunken, dafür habe ich um so mehr gegessen. Es gab belegte Brote. Ich muß aufpassen, daß ich nicht dick werde. Es ist egal, hat meine Chefin gesagt, woher der Bauch kommt, vom Essen oder vom Trinken. Ha, da hat meine Chefin nicht recht. Trotzdem werde ich mich auch im Essen einschränken müssen. Aber so oft bekommen wir die Wanderfahne nicht überreicht, daß eine Gefahr besteht, am kalten Buffet zu verfetten. (heiter) Getanzt wurde dann auch. Aber ohne getrunken zu haben, wage ichs nicht, eine Dame aufzufordern. – Obwohl ich mir ganz sicher bin, daß die eine oder andere sehr gewartet hat, daß ich sie auf die Tanzfläche führe. (sich rechtfertigend) Ich hätte auch gar nicht tanzen können, ich war viel zu erschöpft vom vielen Essen. Wieder Südwind, wie sich das reibt, Eisen auf Eisen, die Güterbahnhofsgeräusche machen mich fertig, das sind keine Töne, die gemacht sind für Menschen. (Güterbahnhofsgeräusche brechen schlagartig ab)

6.
Alle Knochen tun mir weh, aber das kommt nicht vom Wetter und hat auch nichts mit meinem Rheuma zu tun. Wieso auch. Heute habe ich mich auf der Gewerkschaftsversammlung zu Wort gemeldet. Ich habe gesagt: »Bauarbeiter sind betongeschädigte Menschen. Wenn jetzt, was ich gesehen habe, auch ganze Schulhöfe betoniert werden, dann ist zu befürchten, daß die künstliche Verhärtung der Erdoberfläche auch uns verhärten wird.« Ich wollte noch viel mehr sagen, eine ganze Woche hatte ich an meiner Rede gearbeitet, aber der Gewerkschaftsvorsitzende schnitt mir sofort das Wort ab, indem er schrie: »Was hat das mit unserem Betrieb zu tun!« (nachäffend) Was hat das mit unserem Betrieb zu tun? Was hat das mit unserem Betrieb zu tun? Aber das habe ich nicht gesagt, ich weiß überhaupt nicht mehr, was ich gesagt habe, ich fing ja sofort an zu stottern. (erregt) Ich wollte die Gewerkschaft doch nur um Hilfe bitten gegen die noch immer andauernden barbarischen Baumaßnahmen auf dem Hof unseres Hauses. Warum nicht, auch für meine Probleme hat die Gewerkschaft zuständig zu sein. Aber was macht die Gewerkschaft? Sie lobt sich, ist das ängstliche

Kind der Partei und verteilt Ferienreisen. Ja, das kann die Gewerkschaft, ein Ferienreisemonopol bilden und die Prämienauszahlung kontrollieren, aber für die geschlachtete Kastanie auf unserem Hof hat sie kein Verständnis. (nüchtern) Es könnte doch aber der Fall eintreten, daß die Baumaßnahmen auf unserem Hof mich so verrückt machen, daß ich dann, ganz gegen meinen Willen, aus dem Berufsleben ausscheiden muß. Die Gewerkschaft vertritt also nicht meine Interessen, sie vertritt auch nicht die Interessen meines Betriebes, der, wenn es soweit kommt, bald auf meine Arbeitskraft verzichten muß. Die Gewerkschaft vertritt nicht nur nicht meine Interessen, sie schneidet mir auch das Wort ab, fühlt sich stark, wenn sie mich entblößt, daß ich zu stottern anfange. (verzweifelt) Was weiß denn die Gewerkschaft? Ich hatte Angst, ich hatte Herzklopfen, ich hatte Fieber, zwei Nächte konnte ich vor Aufregung nicht schlafen, immer wieder habe ich an meiner Rede gefeilt und sie vor dem Spiegel geprobt, es war alles umsonst. »Ich bin der stumme Diener der Schwerindustrie«, das Ministerwort hätte ich dem Gewerkschaftsvorsitzenden ins Gesicht schleudern sollen, man hätte mich vielleicht in einem ganz anderen Licht gesehn. Das andere Licht. Woher solls denn kommen? Ich bin kein stummer Diener, ich bin ein Prophet, ich sage euch, was los ist: Ihr tut alles, um euren eigenen Konflikten aus dem Wege zu gehen. Darum euer geheucheltes Mitfühlen mit der geschundenen Menschheit in Asien, in Afrika und Australien. Warum überhaupt mit diesen? Wer hat denn mit mir Mitleid? Kein Mensch hat mit mir Mitleid.

Pilot

Pilot: Wenn ich die Menschen so sehe, einen wilden Schrei ausstoßend, was wollte ich denken, vier Männer gleichzeitig, vier verschiedene Lungen, gleiches Volumen, vier gleichzeitige Schreier und kräftig einen Bob die Bahn abwärts stoßend, schreiend in Turnhosen und leichtem Hemd im Winter und Borstenschuhen, Sturzhelm aus Stahl. Die Männer, jetzt kommt die Sache in Gang, der Bob läuft, die Männer haben viel Muskelfleisch, sie werben mit ihren Muskeln für ihren Turnverein. Die Farben des Vereins sind eingebrannt auf ihrer Brust, auf der Haube des Schlittens, der die Seilzugsteuerung verbirgt, die der Pilot beherrscht, der Pilot sitzt zuvorderst, sie rasen in den gefrorenen Schächten. Sie rasen in den Eislöchern, da jagen sie mich, sie beeindrucken mich, ich wünschte, ich wäre doch Christ geblieben. Der Gottglaube mit seinem Erlöserwahn ist nicht so idiotisch wie die Zukunft. Der Erlöser fährt auch Bob, der Erlöser, heh, Bob, die Tausendstel, die wir eingespart haben, die auf unserem Konto verbucht sind, also was wir auf unserem Konto haben, das ist fast eine Sekunde.
Bremser: Was, fast eine Sekunde, stimmt das wirklich, du, dudu, stimmt das wirklich, fast eine Sekunde, das ist ja Wahnsinn, Wahnsinn, ich werde verrückt vor Freude, man muß sich das vorstellen, zehn Jahre auf allen Eisbahnen der Welt gekämpft und fast eine Sekunde gespart, weiß das die Welt schon, die Welt soll es wissen.
Beide schreien jetzt laut: Die Welt soll es wissen, die

Welt soll es wissen. Was soll sie wissen, was, ist egal, Hauptsache, sie weiß es, Hauptsache, sie weiß es. Was, fragte ein Reporter, der nicht so dumm war, wie er aussah, was wollen Sie mit der eingesparten Sekunde anfangen, der also wußte, worum es ging: Was wollen Sie mit der Sekunde anfangen? Bob Jesus von Dingsbums, der gern Kabarettist wäre, fragte, welche Sekunde. Und dann schmolz das Eis, Berge und Täler begrünten sich, begrünten sich oder wurden begrünt, scheißegal, Hauptsache es passiert was, und die fröhliche Ansagerin mit ihrem weichgespülten Wollschal lächelte die Kinderlein an und sagte: Die Eurovisionszentrale, dann schwieg sie und sagte: Mehr interessiert euch sowieso nicht, ihr Idioten, ihr kleinen Scheißer, ihr wollt ja doch nur Musik sehen, nicht wahr, Musik wollt ihr sehen, und sie zeigte ihnen einen Männer- und Frauenchor. Der Chor stand hinter einer Glasscheibe, da sahen sie die Musik, die der Männer- und Frauenchor darstellte – für linke Idealisten könnte er die Internationale singen, für Kunstliebhaber Bach: Ich hatte viele Kümmernisse. Sie könnten noch sehr viel singen, aber die Zeit reicht nicht, jetzt beginnt der zweite Lauf. Stille, es schneit, die Schneekehrer kehren den frischgefallenen Schnee von der Bahn. Die Stimme des Ansagers ist auch belegt mit Spannung, es knistert in der Leitung, die Kamera macht jetzt einen Schwenk und erstarrt in einer Totalen. Die Totale zeigt das Matterhorn. Alles denkt, was für ein Gigant. Dann wieder Stille, jetzt beginnt die Gedenkminute für einen querschnittsgelähmten Bobsportler, alle sind betroffen, und alle wünschen ihm was in Gedanken, dem vom Schicksal getroffenen, dem ein zentnerschwerer Bobschlitten ins Kreuz krachte. Aber lieber querschnittsgelähmt als der Heldentod auf dem Schlachtfeld. Die Mutter des Querschnittsgelähmten, früher eine bekannte Pferdeturnerin, sammelt Geld unter den Sportfreunden für einen Blumenstrauß. Jeder gibt reichlich für den Querschnittsgelähmten. Und wieder steht Ostern vor der Tür, das war der zweite Lauf, auf den vordersten Plätzen gab es keine wesentlichen Veränderungen. Aber man müßte aufhören können zu reden, zu denken, dieses Immerweiterreden, Immerweiterdenken, Immerweiterdenhandlungsfadenspinnen, auf der Suche nach Wahrheit, merken Sie, wie tief ich jetzt denke, auf der Suche nach Wahrheit, auf der Suche nach einem neuen Sinn, neuer Sinn hin, neuer Sinn her, das ist schlecht ausgedrückt, ich nehme es ernst, Sie dürfen mich nicht auslachen, wenn ich nicht die Wahrheit sage. Liebe, ich suche die Liebe, ich suche den mich ergreifenden Konflikt, ich Arschloch, ich suche, ich suche, aber lügen wir weiter. Christus hat sein Blut vergossen auf Golgatha, es ist leicht heutzutage, sich über eine absterbende Religion lustig zu machen, wo sie allgemein nicht gewünscht wird, das ist nämlich kein Sportbericht, das ist ein Religionsstreit, keiner weiß, wie er endet, und noch zwei Rennläufe stehen bevor. Jetzt werden die Tiefstrahler eingeschaltet, das blaue Licht der Quecksilberlampen läßt den Schnee noch kälter erscheinen, aber in der Kälte wird auch das Eis schneller, wir haben also einen spannenden Nachtlauf zu erwarten.

Trainer

TRAINER: Hätten wir, sage ich dir, den Sport nicht, der Mensch wäre arm dran. Und ich meine da in erster Linie gar nicht den Sportler, ich meine den zuschauenden Menschen, dem der Sport ein Zeitvertreib ist, Zeitvertreib und Erholung. Daß er noch einmal für irgend etwas mitfühlen kann, Partei ergreifen, und wenn die eigene Mannschaft siegt, sein ganzer Nationalstolz neu belebt wird. Ich sage Ihnen, wenn wir die Grenzen zwischen den Ländern aufheben würden, zuerst würde der Mensch darunter leiden, der sportinteressierte Mensch. Wenn Sie jetzt sagen, es gibt auch die Städte, zwischen zwei Städten rivalisierende Mannschaften, dann sage ich Ihnen, der Mensch kann auf die Dauer kein Lokalpatriot sein, das erniedrigt ihn, ja, auf die Dauer erniedrigt ihn das. Der zuschauende Mensch ist größer, er braucht eine Nation, für die er fiebert, zuerst natürlich eine Stadt, seine Mannschaft, mit der er sich identifiziert, das ist sozusagen sein Training, er trainiert für größere Aufgaben, eben für die Nation. Sie finden mich altmodisch, aber wenn eine Mannschaft verliert, und es ist die seines Landes, da leistet er, wie sagen die Psychologen, da leistet er Trauerarbeit. Wo kann, frage ich Sie, wo kann heute der Mensch noch trauern, echt Unglück empfinden oder, worum es ja geht, Freude und einen Sieg erleben, einen wirklichen Sieg, einen Schwarz auf Weiß errungenen Sieg, nur noch im Sport. Mannschaftssport verkörpert da mehr die Nation. Warum interessieren sich denn Menschen weniger, sagen wir für Weitsprung? Ein Individualist kann überhaupt keine Nation vertreten, oder nur schwer, einer Fußball- oder einer Handballmannschaft gelingt das viel eher, in einer Mannschaft ist immer durch die Summe der Spieler auch die Summe der Nation angelegt. Ich hatte zum Beispiel die Wahl, Boxer zu trainieren, oder eben die Fußballer. Ich habe nicht lange überlegt, ich hab mich für Fußball entschieden. Beim Fußball, da kämpft eine ganze Mannschaft, beim Boxen immer nur einer, Boxen ist auch interessant, aber die Mannschaftsspiele, wie ich schon sagte, da kann man sich leichter auch als Zuschauer einmischen, sein Spiel mitspielen, kurz, wie ich schon sagte, sich identifizieren. Natürlich, ich gebe Ihnen Recht, der ganze Sport ist Schwachsinn, ob man seinem Gegner eins in die Fresse haut oder selber eins hereingehauen bekommt, oder ob man ein Tor trifft oder nicht, was hilfts, bringt das die Menschen vorwärts? Natürlich nicht, natürlich bringt das die Menschen nicht vorwärts. Natürlich ist das alles Schwachsinn, ob man eine halbe Sekunde schneller schwimmt oder nicht, oder den Berg eine hundertstel schneller herunterfährt auf seinem Ski, es geht heute nur noch um die Hundertstel, irgendwann wird es um die Tausendstel gehen, Schwachsinn, alles Schwachsinn, was fängt der Mensch an mit der Tausendstelsekunde, die er bei einem Wettkampf gewonnen hat? Sie, das frage ich mich auch, es ist Schwachsinn, ich wiederhole das, es bringt den Menschen nicht weiter. Aber was hat den Menschen weitergebracht, die Kunst vielleicht, oder die Philosophie, ich bitte Sie, aber wir haben uns ja schon geduzt, also ich bitte dich, es gibt überhaupt nichts, was uns weiterbringt. Zugegeben, die Maschine, die kräftige Maschine bahnt uns einen Weg durch den Dschungel. Die Maschine bringt uns vorwärts, aber der Sport hilft uns, die Zerstörung, den Satz merken Sie sich, der Sport hilft uns, die Zerstörung zu ertragen und trotzdem, wo alles sich erniedrigen muß, jeder Mensch sich im Verband der Nation erniedrigen muß, der Sport richtet ihn wieder auf, die Nation, begreift er, die lebt. Und das ist gut so. Wo wir schon alles in allem den lieben Gott abgeschafft haben, da lebt wenigstens noch die Nation. Und der Mensch, so oft gedemütigt, bleibt, wenn seine Nationalmannschaft siegt, trotzdem stolz. Ich will das noch einmal zusammenfassen: das Individuum Mensch, daß sich von einer Enttäuschung zur anderen durchs Leben hangelt, schwach wird und krank, was auch zusammenhängt mit dem Alter, dieser Mensch erlebt plötzlich seinesgleichen, das Kraft hat, das siegt, das kampfbereit ist, das sozusagen den Kampf aufnimmt. Wo die Stärke, die man sich selber nicht mehr zutraut, stellvertretend von einem anderen aufgebracht wird. Stellvertretend ist das richtige Wort. Der Mensch ist mit seinem Stellvertreter in Übereinkunft. Ist das schlecht? Und auch der Soldat in der Kaserne, dem das Heimatgefühl heute weitgehend abgeht, wirklich, er will gar nicht mehr kämpfen, der Sportler bringt auch ihm das Gefühl für Heimat zurück, für Heimat und für Nation. Übrigens, du trinkst zu viel, ich beobachte dich, du trinkst ununterbrochen.

PHILOSOPH: ICH kann im nüchternen Zustand nicht mehr mitdenken, ich kann im nüchternen Zustand überhaupt nicht mehr denken, nüchtern, das muß ich zu meiner Schande gestehen, bin ich ein gehirnloser Mensch.

Trainer: Dann hast du dich, ich will dich nicht kritisieren, dann hast du dich lange Zeit falsch trainiert. Stell dir mal vor, ich stelle einen angetrunkenen Spieler auf den Rasen, der Spieler wäre total erledigt, natürlich, das sage ich jetzt als Utopie, wird man eines Tages dem Spieler auch mit alkoholischen Mitteln und Getränken, um ihn zu enthemmen, beikommen müssen, um ihn zu enthemmen, der ganze Intellektualismus nimmt ja sehr zu, und mit einem kopflastigen Spieler ist nichts anzufangen. Ein Spieler muß, wie sagt man, er muß intuitiv handeln, er darf nicht denken, er muß das Gedachte, und das kommt von mir, dem Trainer, das muß er im Kopf haben. Wenn der Spieler auf dem Rasen anfängt zu denken, dann ist es zu spät, es vergeht einfach zu viel kostbare Zeit. Meine Sportler müssen im Rausch sein, im Spielrausch, aber wer anfängt zu denken, der kommt nicht in diesen Rausch. Ein denkender Mensch ist immer nüchtern, mit Nüchternheit ist nichts zu holen, in der Wirklichkeit ja, aber nicht im Spiel. Darum werden wir unsere Spieler, die fast alle anfangen zu denken, in den Rausch versetzen müssen. Denn das ist das Paradoxe, ein Spieler, der nicht zu denken in der Lage ist, mit dem kann man heutzutage, wo die Qualitäten der Gegner so groß sind, absolut nichts mehr anfangen. Vor dem Spiel muß auch der Spieler denken, im Training, er muß fähig sein, meinen Anweisungen zu folgen, und fähig sein, sich selber einen Kopf zu machen, wie man so sagt, aber im Spiel darfs nicht mehr sein. Überhaupt wird insgesamt zu viel gedacht, halt mein Lieber, diese Runde setzen Sie aus, fünf Minuten nichts, Sie werdens mir später danken oder ihre Gesundheit wirds mir danken. Sie sind doch kein notorischer Säufer, Sie nicht, aber warum kann ich nicht du sagen zu dir, ich kanns, aber ich vergesse es immer wieder, warum vergesse ich es, na weiß der Teufel, ich werds noch lernen. Und dir, das sage ich zum Spaß, weißt du eigentlich, daß wir Trainer die wahren Herren sind der Nation? Nicht die Politiker sinds, auf die Politiker, das würde ich öffentlich natürlich nicht sagen, auf die Politiker ist doch geschissen, sie binden nicht die Nation, diese alten Herren, auch wir nicht, die Trainer direkt, aber in Wahrheit sind wir die eigentlichen Spieler, die die Marionetten der Sportler bewegen, mit denen sich die Masse identifiziert.

PHILOSOPH: Du hast jetzt schon mehrmals identifiziert gesagt. Die Identifikation ist nur ein Mangel an eigener Substanz. Ein Tier zum Beispiel identifiziert sich überhaupt nicht. Das Tier, ohne es zu wissen, hat so viel Eigenwert, daß es nicht den Umweg der Identifikation braucht, um lebensfähig zu sein.

TRAINER: Ich sage dir ja, du hast zuviel getrunken. Als Trainer sage ich dir und als Nichtphilosoph, genau das unterscheidet das Tier vom Menschen. Das Tier ist nicht fähig, sich zu identifizieren, aber der Mensch ist dazu fähig. An dieser Stelle geht der Riß durch die Lebewesen, identifikationsfähig, nicht identifikationsfähig. Da könnt ihr Philosophen euch anstrengen soviel ihr wollt, und eure subjektive Wahrheit, das Sein, und soviel habe ich gelernt, das Sein bestimmt das Bewußtsein. Und wenn der Mensch nicht fähig ist, sein eigenes Sein zum Maßstab seines Bewußtseins zu machen, dann braucht er eben die Fußballspieler wie ein Kranker seine Medizin. Ja, wir sind die Medizin des am Rückgrat verkrüppelten Menschen. Oder anders: Unsere Zeit hat die Medizin gefunden, die dem rückgratverkrüppelten Menschen Heilung verschafft, nein, das ist nicht wahr, ich verbessere mich, wir verschaffen dem rückgratverkrüppelten Menschen Linderung seiner Schmerzen mit unserer Kunst.

PHILOSOPH: Kunst, sagst du, Kunst?

TRAINER: Natürlich ist Sport Kunst, eine gute Fußballmannschaft produziert während des Spiels pausenlos Kunst. Nimm nur, wie die Spieler den Raum beherrschen oder wie sie den Raum aufteilen, das macht doch ein Kunstmaler nicht anders, er teilt sich auch die zu bemalende Fläche auf, genauso, nur daß unsere Bilder beweglich sind, die wir erzeugen, daß im Kampf mit dem Gegner Spannungen entstehen, Spannungen, die der Maler auf seiner Leinwand zu erzeugen gar nicht in der Lage ist, oder der Dramatiker auch nicht erzeugt mit seiner Kunst, wann stirbt schon mal ein Mensch an Herzschlag im Theater, in den Sportstadien, wenn die Spannung ihren Höhepunkt erreicht, da sterben sie an Herzschlag, ich sage nicht, daß sie wegsterben wie Fliegen, aber es kommt häufiger vor als im Theater oder vor einem Gemälde. Die Kunst will immer Wirkung erzeugen, aber sie erzeugt keine Wirkung, jedenfalls lange nicht soviel wie der Sport. Wer nimmt sich wirklich den positiven Helden, der im Theater beklatscht wird, zum Vorbild, eifert ihm nach, kein Mensch, sage ich dir, diese ganze gehirnliche Scheiße, die da produziert wird, biegt keinen Menschen um, keinen einzigen, ich meine, zum Positiven, aber dem erfolgreichen Sportler wird nachgeeifert, fast jedes Kind eifert dem erfolgreichen Sportler nach, der Vorbildcharakter ist immens groß, einfach, weils menschlicher ist, alles Gehirnliche, was ja auch oft dem positiven Helden anhaftet, das ist unmenschlich und fast brutal. Ja, ich nenne das brutal. Wenn ein Fußballspieler seinem Gegner die Knochen weghaut im Eifer des Gefechts, das nennst vielleicht du brutal, aber brutal ist, wenn Menschen, die ihren Geist bezwingen wollen, immer wieder ins Nichts fallen, jawohl ins Nichts, und dann im Wahnsinn enden. Die großen Geister, mein Lieber, siehst du, langsam gehts mit dem Du, die großen Geister, immer bemüht, Großes hervorzubringen, für die Menschheit, und wo enden sie, im Wahnsinn, meistens im Wahnsinn. Auch du wirst im Wahnsinn enden, das Leben, mein Lieber, ist ganz etwas anderes, als ihr meint. Das Leben, das sage ich auch meinen Spielern, das Leben ist etwas sehr Einfaches, die Natur hat euch zwei Beine gegeben, lauft, die Natur hat euch ausgestattet mit Ehrgeiz, besiegt euren Gegner, eure flinken Beine und der Ehrgeiz, der gesunde Ehrgeiz sind die richtigen Waffen, und dann die Freude, wo hast du mehr Freude gesehen und Jubel, als unter Sportlern, wenn sie ein Tor geschossen haben, zum Beispiel, wie sie sich umarmen und wie die Masse mitjubelt. Jubelt die Masse, wenn der Lyriker zum Beispiel ein großartiges Gedicht geschrieben hat, nein, wer nimmt so etwas überhaupt wahr, ganz wenige. Aber auch der Lyriker wird ja verrückt, und die paar Leser sind die Verrückten, all diese Leute, auch du. Ihr mit euren nachdenklichen Gesichtern, ihr behindert das Leben, ihr wollt immer das Salz sein in der Suppe, aber ihr seid nicht das Salz, ihr seid Gift für jede Nation, das manchmal, das gebe ich zu, auch wie Medizin wirkt, darum läßt man euch ja noch machen, aber im Vergleich zum Aufwand, wie ihr euch ruiniert, sind die Erfolge gering, die ihr erzielt, sehr gering. Ihr habt den Tod nicht überwunden mit eurem Denken, ihr habt gar nichts überwunden, aber mit eurem Denken erinnert ihr uns wieder an den Tod, eine Hinwendung zum Leben findet nicht statt, es ist bestenfalls gähnende Langeweile, Wortkaskaden, wenn ihr euch stark macht, ihr habt euch dem Leben entwöhnt, und jetzt sollen euch Worte, fiktive Handlungen, die gar keine mehr sind, das Leben ersetzen. Je länger ich rede, um so mehr fange ich an, dich zu hassen. Das ist doch komisch, nicht wahr, aber nicht, weil ich rede, sondern weil ich über dich nachdenke, ich könnte dich, wenn ich dich da so sitzen sehe, du vor deiner Schnapsflasche, ich könnte dich mit meinen Händen erwürgen. Aber ich werde dich natürlich nicht erwürgen, ganz im Innern verstehe ich dich natürlich, ich habe ja nicht nur Sport studiert, ich habe ja auch Psychologie studiert, ich kenne die Menschen und mich, ich kenne meine Defekte, meine Defekte sind, daß ich dich verstehe und trotzdem erwürgen könnte. Sag doch mal was, du bist doch ein Feind der Menschheit, du willst doch mit deinem Denken uns alle in den Abgrund treiben, du zeigst uns mit deinem Denken den Abgrund, in den wir springen sollen, ist es so? Sag mir, ob es so ist.

PHILOSOPH: Es ist so.

TRAINER: Das habe ich gewußt, ihr seid die wahren Teufel, nicht wahr, ihr mit eurer Lebensunfähigkeit und wie ihr seid, man stößt bei euch nicht auf festes Material, man stößt auf Watte, die schnell nachgibt, Watte, jawohl Watte, man könnte überhaupt gar nicht richtig zuschlagen, einfach, weil man keinen Widerstand spürt, der Widerstand fehlt, Ihr habt euch unfähig gemacht, Gegner zu sein, das könnte mich, wenn ich darüber nachdenke, zum Wahnsinn treiben. Eine Frage, die sich mir stellt: Bist du ein böser Mensch?

PHILOSOPH: Ja, ich bin ein böser Mensch.
TRAINER: Das habe ich gewußt.

Ich begreife nicht, was ich aus mir gemacht habe, wie das geworden ist, was ich zu sich sagt. Ich begreife nicht Welt und was das ist Luft, das die Flugzeuge trägt, Düsenjäger, ich kann mein Leben nicht mehr verändern, ich liege im Sterben, aber kann man mich nicht noch einmal herausreißen, dieses Ende, anders, anders und andere Anfänge, eine andere Mitte, andere Schlußstriche, ich war auf dem Konservatorium, ich liebte die schwarzen Tasten, die weißen Tasten, ich will diese Erinnerung nicht, ich bin hier zu Hause, was ich gemacht habe, ich habe meine Personenkennzahl als Telephonnummmer benutzt, ein Großhandel meldete sich, ein Großhandel für Plastwaren und Gummi.

Der Mensch ist nicht nur verantwortlich für andere Menschen, der Mensch ist auch für sich selber verantwortlich.

Irina Liebmann

WER SPRICHT?

Lieber Leser. Was Sie hier in der Hand halten, ist eine Rarität. Es ist Literatur aus der DDR. Keine DDR-Literatur.

Die DDR-Literatur war eine Literatur des Einverständnisses. In ihren besten Werken hat sie die Enge der Verhältnisse, das Leben, in dem jeder »alles hatte«, was er zum Überleben brauchte und doch nicht leben und nicht sterben konnte, »kritisch« betrachtet, sie hat sich diesem Phänomen, seinen Möglichkeiten und seiner Ideengeschichte genähert, aber sie hat den Realitätsverlust debattiert, nicht die Realität. Und schon gar nicht hat sie sich als einen Teil dieser Realität gesehen, ihr mit Leidenschaft widerstanden und sie auf diese Weise behauptet und vollendet.

Nirgendwo sonst in den Kulturen der Länder des realen Sozialismus in Mitteleuropa ist eine oppositionelle Literatur so weit und so leidenschaftslos an ihrer Wirklichkeit vorbeigegangen. Nirgendwo sonst sind ihre Ergebnisse so unverhältnismäßig hoch bewertet worden wie vom deutschen Kulturbetrieb auf der anderen Seite der Grenze, an dessen Käfig ja ebenso wie an unserem diese Gewichte hingen: nationalsozialistische Vergangenheit, deutscher Idealismus und eine offene, dann geschlossene Grenze – zwei halbe, militärisch besetzte Länder.

Widerstanden, und damit meine ich eine Kraft, die offensiv und leidenschaftlich ist und den Mut hat, bei sich und

doch nicht privat zu sein, widerstanden hat diese Literatur nur einmal: Wolf Biermann hat glaubwürdig *ich* gesagt, und er wollte niemandem *mehr* gefallen als seinem Publikum.
Biermann war nicht in der DDR aufgewachsen, er hatte das Land frei gewählt und als Kommunist kein Problem mit der Idee. Für eine kurze Zeit seines und unseres Lebens gelang es ihm, das zu verbinden: Abschied und Liebe.
Es gelang in einem halbfeudal regierten Gebiet, in einer Zeit, als wir noch nicht wahrhaben wollten, daß die Niederlage von Prag endgültig war. Es gelang mit Tonbandaufzeichnungen, Mundpropaganda und lebendigen Auftritten und blieb eine Episode.

Weder für die Widerstandsbewegungen in Polen noch für den Prager Frühling hatte es in der DDR ein tragfähiges Gefühl der Verbundenheit gegeben. Nach der Ausbürgerung Biermanns folgte nun auch der Blick beinahe aller Künstler in der DDR zuerst uneingestanden, bald aber zugegebenermaßen dem Blick der übrigen Bevölkerung, und die sah schon lange nach Westen. Man könnte nun sagen, es war die deutsche Teilung, die immer wieder verhindert hat, daß in der DDR eine ähnlich eigenständige Widerstandsliteratur entstehen konnte wie in den übrigen mitteleuropäischen Ländern des realen Sozialismus. Ich denke aber, und gerade wenn ich Georg Seidels Prosa lese, denke ich das, es gab noch einen tieferen Grund.
Schriftsteller in der DDR bewegten sich in einer Gesellschaft, zu deren Meinungen es gehörte, daß es ein Überbau ist, der eine Basis lenkt und beherrscht. Kunst gehört in diesen Überbau, also ins Machtgefüge, so haben wir das gelernt und tiefer geglaubt, als uns lieb sein kann.

Es war dieses Gefühl, einem verantwortlichen Überbau anzugehören bzw. von ihm ausgeschlossen zu sein, das die Blickrichtung prägte und Machtbewußtsein entwickeln half. Kein Wunder, daß eine davon geprägte Literatur an die Moderne nicht anknüpfen konnte. Kein Wunder, daß ihr der Weg zu einer Widerstandskultur versperrt blieb.

Es ist auch nicht einfach mit der Teilung zu erklären, daß sehr schnell nach der Ausbürgerung Wolf Biermanns, als ein wichtiger Teil der DDR-Literatur mit der herrschenden Kulturpolitik keinen Konsens mehr finden konnte, ein anderer Kulturbetrieb, nämlich der Kulturbetrieb der Bundesrepublik, eine Instanz für diese, nun oppositionelle DDR-Literatur wurde. Wer von nun an ein im Westen gelobtes Buch im Osten kritisierte, konnte zu hören bekommen, daß er auf Seiten der SED steht, oder aber von den neueren Entwicklungen in der Kunst verständlicherweise nicht viel mitbekommen hat.

Diese erfolgreiche Literatur hat Tonbandaufzeichnungen, Mundpropaganda und Samisdat nicht mehr gebraucht, sie ist auf beiden Seiten der Grenze gedruckt worden und stand zuletzt nur noch mit einem Bein in der herrschenden Kultur Ost, mit dem anderen schon in der herrschenden Kultur West. Für diesen Balanceakt mußte sie sich dafür interessieren, wie Kultur-Macht hüben und drüben denkt und fühlt und ihr verständlich sein wollen. Mit einer Überbau-Optik im Kopf fällt sowas viel weniger schwer als ein Sprung in die vermeintliche Basis. Mit dieser Optik gelingt es sogar, das umgebende Leben weniger bedrohlich zu sehen, was für die Kunst aber heißt, man kann es nicht wirklich ernst nehmen, und so ist es dieser Literatur auch abhanden gekommen, weg, für immer verschwunden.

Schlimmeres kann einer Literatur nicht passieren, und deswegen muß das deutlich gesagt werden: Wir waren zu lange einverstanden mit einer Macht im Namen eines falschen Antifaschismus. Wir hatten zu wenig Mut. Auf 12 Jahre Nationalsozialismus wird man wahrscheinlich über 40 Jahre Paralyse noch draufschlagen müssen, tiefen Schlaf, das Erwachen daraus ist sogar im Märchen nicht unbefleckt. Das Ergebnis in der Literatur war geschütztes Sprechen als Abbild eines geschützten Lebens. Vor Bewegung geschützt, also vor sich selber. Das gelang ja den meisten Bürgern, das gelingt auch woanders, und darum war sie eine vielgelesene und dem Zustand der Gesellschaft entsprechende Literatur: halbherzig, konventionell, voll von Enttäuschung und Zerstörung – Abschied ohne Liebe. Und das hat mit dem Künstlerdasein als Privileg vielleicht mehr zu tun als mit den Privilegien der Schriftsteller in der DDR.

Georg Seidel hat einen grundsätzlich anderen Blick, er sieht das Gegenüber. Und auf einmal ist das Lachen wieder da, das Weinen, in Fetzen nur, aber verwunderlich, komisch und befreiend sogar taucht etwas von unserem Leben auf. Also konnte man das auch sehen.
Seidel war Dichter, aber er hat kein Künstlerdasein geführt. Er ist nicht weggegangen. Unser Alltag, der scheinbar gar nicht mehr kunstwürdige, quälte ihn wirklich, und die Frage: Was ist mit den Menschen geschehen?
Wer sollte für sowas Interesse haben? – Die Beteiligten.
In die Vergangenheit kann man nicht zurückschreiben. Was es an Zeugnissen über die Innenansichten des Lebens in der DDR gibt und vielleicht noch geben wird, ist von Leuten geschrieben worden, die sich nicht schützen konnten oder nicht mehr schützen wollten, die verzwei-

felt gesehen haben, wer sie sind und wo sie sich befinden. Diese Autoren haben auch einen hohen Preis gezahlt. Eingeengt, abgeschnitten, eigenbrötlerisch oder verstummt. Viele von ihnen haben schließlich das Land doch verlassen. Georg Seidel ist gestorben. Was in diesem Buch vorgelegt wird, sind Texte aus seinem Nachlaß. Wie sehr sie einer Unmöglichkeit abgetrotzt sind, ist ihnen anzumerken.

Der Konflikt bleibt. An wen wenden wir uns überhaupt? Wer spricht?

*

Georg Seidel war das Kind eines Waagenbauers und einer Verkäuferin aus dem Kattowitzer Kohlengebiet, die 1935 nach Dessau gezogen waren. Hugo Junkers, der Erfinder des Gasdurchlauferhitzers und der Leichtmetallverkleidung für Flugzeuge, hatte 1933 dem Druck der NSDAP nachgegeben und die Mehrheit der Aktien seiner Flugzeugwerke dem Reich übereignet, nach einigem Widerstand. In Dessau brauchte man Facharbeiter, hier entstand eine der größten Produktionsstätten für Militärflugzeuge in der Welt. Das Transportflugzeug Ju 52, der Sturzkampfbomber Ju 87 (»Stuka«) und die erste Strahlturbine für den Düsenjäger Me 262 sollten aus Dessau kommen. Seidels Vater bekam 1935 die erhoffte Anstellung nicht, er lernte um, blieb aber in der Stadt, die 1945 wegen der Flugzeugwerke beinahe vollständig zerbombt wurde. Hier wurde Georg Seidel als Sohn eines nunmehr Schlossers am 28. September 1945 geboren.

Georg Seidel starb am 3. Juni 1990 in Berlin, im ersten Frühling nach der Öffnung der innerdeutschen Grenze, als die DDR ausgeknipst war wie ein falsches Radioprogramm und die Menschen noch sehr oft von Ost nach West gingen und volle Plastiktüten tragend zurückkamen, kopfschüttelnd auf den Bürgersteigen liefen in der Sonne und manchmal stehenblieben sogar und die Häuser betrachteten, die Straßen, sich selber dazwischen, wie das aussah, wo sie gelebt hatten.

Solange die DDR bestand, dauerte eine Fahrt von Berlin nach Dessau zweieinhalb Stunden. Heute, im September 1991, kann man immer noch so fahren – mit Zügen der Deutschen Reichsbahn vom Bahnhof Schöneweide über Belzig und Roßlau an der Elbe. Der Bahnhof von Dessau, wiederaufgebaut in Polizeiarchitektur der fünfziger Jahre, innen ein völkisches Wandbild, rechts und links vom Bahnhof, sehr nah eigentlich und nicht zerstört, stehen das Stadttheater, der erste Theaterbau des Nationalsozialismus in Deutschland, und das Bauhaus. Die Stadt neu aufgebaut, der alte Straßenverlauf weitgehend ausgelöscht, dort, wo das Askanische Tor sich befand, ist eine Straßenkreuzung, wo ein Brunnen davor stand, Asphalt, nur der Friedhof, auf dem der Dichter begraben ist, der das Lied schrieb, ist erhalten – da liegt Wilhelm Müller, mitten in einer Neubau-Wüste.
An der Peripherie der Stadt das Flußgebiet der Mulde, die Schlösser und Parkanlagen der Anhaltinischen Fürsten, das Industriegebiet von Wolfen und Bitterfeld.
Dessau nach dem Krieg ist ein Trümmerfeld. Seidel wächst am Stadtrand auf, wo in einer Gartenkolonie die Lauben ausgebaut wurden, weil von der Innenstadt nichts mehr übrig war. In der Siedlung wohnten viele Familien aus dem Osten, zu den Umsiedlern aus den dreißiger Jahren kamen nach 1945 noch die Flüchtlinge, alle katholisch mit vielen Kindern, alle müssen von vorne anfangen, sind arm, trotzdem gastfreundlich, das ist östlich,

aber preußisch die strenge Erziehung zu Anpassung, Aufstieg. An Seidels Haus wird ständig gebaut, weil immer mehr Kinder kommen, Georg ist das zweite von sechs, zwei sterben, er ist der einzige Sohn. Der Vater behandelt ihn hart und ohne Verständnis, es heißt, er wollte einen richtigen Mann oder gar keinen Sohn. In vielen Familien fehlten die Väter, die Schulklasse, in die Seidel kam, galt als besonders frech, Rowdyklasse. Seidel auch Rowdy, empfindlich gegen Ungerechtigkeiten und voll von komödiantischen Einfällen, was das Verhältnis zum Vater nicht besser macht. Der Deutschlehrer verlangt von jedem, der unangenehm auffällt, eine Strafarbeit in Reimen. Seidel reimt für die ganze Klasse, alle stellen sich bei ihm an, jahrelang, sein Spitzname ist »Dichter«, und das bleibt so. Es bleibt auch dabei, daß er sich den anderen mitteilt. Als Lehrling, Arbeiter, Student, und bei der Armee kann es passieren, daß er plötzlich aufsteht und ruft: »Hört mal zu, mir ist was eingefallen!« Dann hieß es »Jetzt geht der Brecht wieder mit ihm durch«, aber Seidel kann sich immer Respekt erwerben, kein Außenseiter.

Nach der Schule lernt er Werkzeugmacher im Betrieb seines Vaters, eine Ausbildung mit Abitur, besucht ein einjähriges Katechetenseminar, geht – enttäuscht von der Kirche – zurück nach Dessau, gibt auf Befragen des Wehrkreiskommandos an, daß er bei den Bausoldaten dienen wird, und wird Bühnenarbeiter im Theater, das ist 1967. Das Theater, gebaut für Wagner – Festspiele, Dessau sollte das Bayreuth des Nordens werden, ist viel zu groß für die Stadt, nun werden hauptsächlich Operetten gespielt. Das Bauhaus ist Berufsschule. Die Geschichte beider Gebäude ist damals scheinbar ebenso vergessen wie die Zeit, die sie verkörpern. Seidel spürt das und forscht dem nach: Faschismus und Moderne. Seitdem weiß er, wo er sich befindet, die Moderne wird sein Vorbild.

1968 marschieren die Truppen des Warschauer Vertrages in Prag ein, alle Hoffnungen auf mehr Wahrheit und Bewegungsraum für jeden Einzelnen werden in drei Tagen platt gemacht. Die achtundsechziger Generation in der DDR hat damals für Dinge, die sie niemals in Angriff nehmen konnte, die Dresche trotzdem bezogen. Für Seidel sah das so aus: Er war gerade ein halbes Jahr an der Ingenieurhochschule Karl-Marx-Stadt immatrikuliert, er wollte endlich studieren, nun sollte sich jeder bereit erklären, die DDR mit der Waffe in der Hand zu verteidigen, Seidel verweigert das als Pazifist, wird auf einer Versammlung aller Studenten der Hochschule auf eine Bühne zitiert, beschimpft, lächerlich gemacht und exmatrikuliert. Er geht ans Theater zurück und wird 1969 zum Wehrdienst ohne Waffe eingezogen.

Bausoldaten gibt es damals in der DDR erst kurze Zeit, im Frühjahr 1969 kommen für die ganze DDR etwa dreihundert Mann zusammen, in den letzten Jahren der DDR sollen es jedes Jahr etwa 20.000 gewesen sein. Seidel muß auf die Insel Usedom. Man lebt dort nicht in Kasernen, sondern in Zelten auf einer Baustelle. Im Gegensatz zu den verbreiteten Gerüchten wurden die Bausoldaten damals nicht schikaniert, sondern eher korrumpiert mit Urlaub und Ausgang. Die Vorstellung, Staatsfeinden einen Dauertreffpunkt zu verschaffen, war offenbar unangenehm. Den Bausoldaten waren kleine, goldene Spaten auf die Schulterstücke genäht, das blitzte, die Schulterstücke einfacher Soldaten waren grau, also grüßten die häufig, so wurde den Spatensoldaten oft Achtung bezeugt. Die Arbeit war schwer. Beim Verladen von Zementsäcken ist

Seidel von einem Waggon gestürzt und hat sich alle Handknochen der rechten Hand gebrochen. Überall, wo er eingesetzt wird, sind Rollbahnen zu bauen oder zu pflegen.

Bausoldat sein, das hieß, eine Verweigerung in einer Gruppe Gleichgesinnter erleben und von der Macht hierin anerkannt werden – in einem Land, das von oben bis unten darauf zugeschnitten war, so etwas niemals geschehen zu lassen.

Die Verweigerer, unter denen Seidel sich befindet, wollen ihren waffenlosen Dienst nicht an militärischen Objekten leisten und protestieren immer wieder. 1971 treffen sich etwa zwanzig ehemalige Bausoldaten, ein Jahr nach dem Militärdienst, um freiwillig eine Woche beim Autobahnbau zu arbeiten, danach laden sie die Presse und Vertreter aller Parteien zu einer Pressekonferenz in einer Kirche ein. Seidel ist auch dabei. Ziel: Durchsetzung eines wirklichen Zivildienstes. 1991 treffe ich einen aus dieser Gruppe als Abgeordneten des Neuen Forum in Potsdam, einen anderen auf der Durchreise von Straßburg nach Brüssel, er vertritt Bündnis 90/Grüne im Europaparlament. Seidel ist in ihrer Erinnerung Georg, der Freund, einer vom Theater, der provozierende Zwischenrufer, der Mann, der für einen zu einer hohen Geldstrafe verurteilten Soldaten noch Jahre später das Geld sammeln hilft und die Kassierung des Urteils betreibt, der Spaßmacher, der Menschen in komische Inszenierungen verwickeln konnte und dann schüchtern wiederum, still, aufmerksam.

Die Folgen der Bausoldatenzeit bekommt er bald zu spüren: 1972 zieht das Literaturinstitut Leipzig die Immatrikulationszusage zurück, die ihm noch vor dem Wehrdienst gegeben wurde. Seidel ist 27 Jahre alt, er will sein

Recht auf dieses Studium durchkämpfen, er will endlich raus aus der Provinz, bisher hat er sich alles Wissen auf dem Gebiet der Kunst selbst angeeignet, er sucht Hilfe und Kritik für die eigene Arbeit und bekommt die Abwertung: »... *ergeben sich schwerwiegende inhaltliche und weltanschauliche Bedenken. ... Ihre Gedichte ... sind voller Ressentiments gegen unsere Gesellschaft. Sie wirken durch ihren fast manischen Haß auf die Frau ebenso pubertär verklemmt wie ungewollt komisch.«*

Das war die Methode: ein Schlag auf den Kopf und einer in den Bauch.

Seidel will nicht aufgeben, es wird ein Briefwechsel über Monate, er schreibt u. a.: »*Ich frage: Wer entstellt die Frau mehr, ich oder eine düstere Werkhalle, in der Frauen Tag für Tag (ihren Mann) stehen, um Bleche, nichts als Bleche zu stanzen (fachlich richtig müßte es schneiden und nicht stanzen heißen!) Und dann, wo offenbart sich pubertäre Verklemmung – oder meinen Sie in Wirklichkeit Perversion? – in meinen Gedichten oder in solchen, die diese Entartung als schönste Basis zur Erlangung echter Fraulichkeit und Emanzipation anpreisen? (In welche Grube schmeißen Sie eigentlich den großen, manischen Frauenhasser George Bernhard Shaw? ...) ... Ja, ich glaube auch, daß viele Betrachtungsweisen, die ein reales Bild der Frau erstellen möchten, komisch wirken. Aber auch hier ist ein Gegensatz feststellbar: Meine Gedichte sollen nämlich komisch wirken! Mit einem Zusatz versteht sich: tragisch-komisch.*« Und an anderer Stelle: »*Wer bestimmt eigentlich die Entwicklung des Schriftstellers, doch zuerst der, der ihm die Chance bietet, sich zu entwickeln! Was ist das für eine Gesellschaft, von welcher sprechen Sie eigentlich? – die Ressentiments nur registriert und jeden in seiner geistigen Verwirrung beläßt, d.h. ihm ständig den Schwarzen Peter zuschiebt?*

In der Antwort heißt es u.a.: »...*Wir halten es allerdings für möglich, daß Sie sich selbst über den objektiven Charakter Ihrer Einstellung täuschen... Nun, Sie sind nicht mehr der Jüngste, wir können uns nicht auf diese subjektive Täuschung verlassen in der Hoffnung, daß sich darunter eine richtig parteiliche, mit dem Leben wirklich verbundene Einstellung... ausbildet. ...Sie verteidigen Ihre Haltung mit den Begriffen »tragisch, komisch«. Sie beanspruchen dafür Ihre bessere realistische Kenntnis. Sie bescheinigen uns »Lebensfremdheit« und »Nichtvertrautheit« mit dieser Problematik. Woher nehmen Sie dazu das Recht? ...Uns scheint sogar Ihre Antikriegshaltung ein Argument zu sein, mit dem Sie tatsächlich vorhandene Ressentiments und Widersprüche verdecken. ...Ihrer Berufsbildung nach sind sie Arbeiter. Wenn heute ein Arbeiter die öffentliche literarische Aussage versucht, dann verlangt unsere Gesellschaft allerdings, daß er dabei die Position der herrschenden Arbeiterklasse einnimmt...*«

Seidel hat danach nie mehr versucht, von der »Gesellschaft« etwas für sich zu beanspruchen. Er kündigt die Bühnenhandwerkerstelle in Dessau, geht nach Berlin, wird Beleuchter zuerst bei der DEFA, dann beim Deutschen Theater. Er will nicht nachgeben, und er will nicht weggehen. Das Theater erscheint ihm als die einzige Möglichkeit, da zu sein, indem er mitarbeitet – Geld verdient, – schreibt für ein Theater, als eine lebende Zelle, bzw. eine Zelle, in der man überleben könnte.
Wenn in einem seiner Texte steht: »*Ich glaube nicht daran, daß man mit Kunst die Welt verändern kann, ich weiß nur, daß das Vorhandensein von Kunst die Veränderung ist, selbst wenn die Kunst nicht wahrgenommen*

wird«, dann hat er damit die von ihm gewählte Form zu leben, genau beschrieben. Er war da, ohne den Schein irgendeiner Bedeutsamkeit zu besitzen oder zu glauben – er hat gelebt.
Seidel ist Beleuchter bis 1985. Er wohnt in Berlin, hat inzwischen geheiratet, ein Sohn wird geboren, seit 1975 lebt die Familie von seinem Gehalt einer halben Bühnenarbeiterstelle, sie wollen gut leben, also Zeit haben, jeder für sich, und auch für Gemeinsames, Ausflüge, Reisen, die Freunde. Die Tür bei Seidels steht jedem offen. Er fährt oft nach Dessau, behält die Verbindung zur Familie, Mitschülern, Arbeitskollegen. Wenn er dort ist, setzt er sich immer zuerst aufs Rad und fährt die Wege raus aus der Stadt, die er als Kind schon gefahren ist.
Die genaue Kenntnis des Theaters ist Seidels Stücken anzumerken, 1981 wird das erste in Schwerin uraufgeführt: »Kondensmilchpanorama«. Zwar gab es Forderungen nach Absetzung, aber das Klima hatte sich etwas gelockert, die Intendanz unterstützt das Regieteam gegen die Bezirksleitung der Partei. Es soll auch nicht vergessen werden, wie viele Menschen in allen Berufen, die zur Fertigstellung eines Kunstwerks gebraucht werden, beim Theater also vom Pförtner bis zur Souffleuse, sich in der DDR jedesmal weit über ihre Aufgaben hinaus für eine Sache engagiert haben, die ihnen als Fortschritt erschien.
Von den Fachleuten wird Seidel von jetzt an als Dramatiker bemerkt, erhält 1982 am Deutschen Theater eine Anstellung als Dramaturgieassistent, behält sie bis 1987, danach lebt er als freier Autor. Seine Stücke werden nun auch außerhalb der DDR aufgeführt, er darf deswegen auch nach anfänglicher Verweigerung ins westliche Ausland reisen und tut es.

Georg Seidel ist an Krebs gestorben, zu Hause, unter der Einflugschneise des Flughafens Tegel, im eigenen Bett, gepflegt von seiner Frau, begleitet und verabschiedet von seinen vielen Freunden.

Es gibt einen Zusammenhang zwischen Seidels Leben und dem Ton seiner Texte. Beweisen kann ich das nicht. Ich weiß nur: Seidel hat sich nicht beirren lassen. Er haßte die Enge, die Häßlichkeit überall, die Macht, die über Menschen ausgeübt wurde, und er hat zu diesen Gefühlen ebenso gestanden wie zu den Menschen, die das auch fühlten. Das hat seine ganze Kraft gekostet. In den Texten ist sie geblieben. Da weht Wind raus auf einmal – ich lese, ich erinnere mich, ich staune, ich lache.
Ich sehe Dessau, diese Neubaukisten mit bleigrauen Wänden, sie sollten das Askanische Tor wieder aufbauen, einen Brunnen auch und die Straße sperren für den Lindenbaum, der noch zu pflanzen wäre. Ich sehe den Stadtrand – wo freies Feld war, sind Gärten, Lauben, in Seidels Haus wohnen andere Leute, ihre Fernsehantenne ist riesig, der Garten verwildert, etwas weiter weg ist Land abgezäunt, Scheinwerfer beleuchten trotz Sonnenschein hoch unter Wolken ein Schild: »Hier entsteht für Sie ein Ford-Autohaus«, ein Weg führt daran vorbei zu den Deichen, man kann weit ins Grüne sehen, Wasser glänzt, das ist die Mulde, zurück über Dorfstraßen, Kopfsteinpflaster, Gärten am Straßenrand, Pflaumenbäume, das Bauhaus am Bahnhof ist neu gestrichen, das Theater auch, die Fahrt von Dessau nach Berlin dauert auf einer neuen Strecke jetzt nur noch eine Stunde, mein Zug kommt aus Garmisch-Partenkirchen, überfüllt, im Speisewagen wird über Deutschland geredet, eine Kofferradio ist aufgedreht, laut, wir fahren durch Teltow, Caputh, diese

Bahnhöfe waren in unserem Leben stillgelegt, bessere Schrotthaufen, wir fahren, gut sichtbar von weitem eine Burg aus Beton, der letzte Theaterbau der DDR, nicht fertig geworden in Potsdam, ein neues Schild, POTSDAM STADT, glatte Schrift, das nächste ist immer noch Nazi-Fraktur: BABELSBERG, und weiter, BERLIN, wir fahren, wir haben noch Möglichkeiten. Erstaunliche Dinge geschehen. Die Menschen scheinen auf einmal ihren Wünschen mehr zu vertrauen als den bisher selbstverständlichen Tatsachen. Das kann schief gehen, es kann aber auch gut gehen. Ein Wunsch ist auch eine Tatsache. Bleiben wir dabei mal stehen.

*

Der Text REGISTER ist von Seidel selbst zusammengestellt und zur Veröffentlichung angeboten worden. Alle anderen Texte wurden aus dem Nachlaß ausgewählt. Im Gegensatz zur Dramatik, wo er immer wieder änderte, hat sich Seidel in der Prosa bemüht, einen Text hintereinanderweg niederzuschreiben und nicht mehr zu korrigieren. Von vielen Einfällen gibt es daher mehrere Varianten.
Seidel nennt Chlebnikow immer wieder als ein Vorbild.
»Chlebnikow ist für mich wichtig, weil er eine sehr assoziative Schreibweise hat. Er arbeitet stark mit Substantiven und erreicht einen sehr hohen Abstraktionsgrad. Und das versuche ich auch in meiner Dramatik. Als Junge hatte ich immer den Traum, ein Stück zu schreiben mit einer großen gesellschaftlichen Situation, also wie Brecht zum Beispiel. Aber in der Sprache von Chlebnikow, oder vielleicht in der Bobrowskis, den ich auch sehr mag. Die Stoffe sollten sich nicht entleeren, sondern sie sollten aus einer übergreifenden Poetik herausgearbeitet werden.

Das empfinde ich bei Chlebnikow als moderne Poesie. *Bei den russischen und sowjetischen Schriftstellern überhaupt. Das finde ich auch bei Lew Lunz. Diese lineare Schreibweise, auch dieser direkte Zug, das Vorwärtstreiben.«*

September 1991

HEINER MÜLLER
KRIEG OHNE SCHLACHT
LEBEN IN ZWEI DIKTATUREN
Mit zahlreichen Fotos und Dokumenten. Leinen

Heiner Müller, der bedeutendste deutschsprachige Dramatiker der Gegenwart, hat nie die Öffentlichkeit gescheut und sich in den letzten Jahrzehnten neben seiner dramatischen Arbeit in vielen Interviews und öffentlichen Reden pointiert mit der politischen Situation im geteilten Deutschland vor 1989 und nach der Vereinigung auseinandergesetzt.
Doch obwohl sein dramatisches und literarisches Werk seit den 50er Jahren eine Vielzahl von biografischen Bezügen enthält, weiß man wenig über den Lebensweg dieses Autors, der die letzten Kriegsmonate noch als Jugendlicher erlebte, bis 1989 seinen Wohnsitz in der DDR hatte und das deutschsprachige Theater revolutioniert.
Damit ist diese Autobiografie ein einzigartiges Dokument, das zugleich einen wesentlichen Beitrag zur Geschichte der DDR und des DDR-Theaters darstellt.
Ausführlicher als bisher spricht Heiner Müller in seinem Buch über literarische Einflüsse und Vorbilder, über Freunde und Feinde, über seine Auseinandersetzungen mit der allgegenwärtigen Partei und Staatszensur und über die Vorgänge 1961, die zu seinem Ausschluß aus dem Schriftstellerverband der DDR führten, vor allem aber über seine langjährige Arbeit als Dramatiker und Regisseur an den großen Berliner Theatern vom »Berliner Ensemble« bis zum »Deutschen Theater«.
Die Lebendigkeit und der Witz vieler Passagen des Buches ist Folge seiner Entstehungsgeschichte: Die Grundlage des Textes sind mündliche Erzählungen des Autors über viele Wochen hinweg, die anschließend vom Autor überarbeitet und ergänzt worden sind.

KIEPENHEUER & WITSCH

HELGE MALCHOW / HUBERT WINKELS
(HRSG.)
DIE ZEIT DANACH
Neue deutsche Literatur

KiWi 253

Die Zeit danach ist die erste Sammlung von neuen Prosatexten, aber auch von Lyrik, Dramatik und Essayistik nach dem Ende der deutschen Teilung. Ein Überblick über die literarische Produktion vor allem jüngerer deutschsprachiger Autoren der Gegenwart.

KiWi Paperbackreihe bei Kiepenheuer & Witsch

MICHAEL SCHNEIDER
DAS ENDE EINES JAHRHUNDERTMYTHOS
Eine Bilanz des Sozialismus Leinen

1989 haben die osteuropäischen Völker ein Jahrhundert abgewählt. Nach dem gescheiterten Putsch vom 19. August 1991 hat sich die Sowjetunion aufgelöst. Das »Gespenst des Kommunismus«, das zu Marxens Zeiten in Europa »umging«, ist untergegangen.

In dieser Situation zieht Michael Schneider aus dem Scheitern des »Realsozialismus« Bilanz. Sein Buch eröffnet einen historischen Blick auf die Hammer & Sichel-Epoche, der die zentralen Mythen der sowjetischen Geschichte demontiert. Schneider weist nach, daß die Oktoberrevolution nicht den »weltgeschichtlichen Übergang vom Kapitalismus in den Sozialismus« einleitete, weil es im Rußland des Zaren den Kapitalismus nie gegeben hat. Das stalinistische Regime interpretiert er als sozialistisch verbrämte Hülle einer Industrialisierungsdespotie, die mit dem Rückfall in die »allgemeine Staatssklaverei« einherging. Was in Osteuropa und der Sowjetunion zu Ende gegangen ist, war nicht »der« Sozialismus, sondern die »asiatische Variante« des »rohen Kommunismus«, den Marx selbst als die schlechte Negation des Privateigentums und der mit ihm verknüpften bürgerlichen Zivilisation bezeichnet hat.

Gleichzeitig warnt Schneider vor den Gefahren eines weltweit gewordenen Kapitalismus. Die »freie Marktwirtschaft« verschärft gerade die Probleme, die sie zu kurieren vorgibt: Welthunger und Weltflüchtlingsbewegung, ökologische Krise und strukturelle Massenarbeitslosigkeit. Nur mit einer radikalen Wende in den Nord-Süd-Beziehungen, einer neuen Weltwirtschaftsordnung und dem Primat der Ökologie vor der Ökonomie kann der Kapitalismus die größte Herausforderung seiner Geschichte bestehen.

KIEPENHEUER & WITSCH

Landolf Scherzer
Auf Hoffnungssuche an der Wolga

KiWi 251

Anfang Oktober '89 reist Landolf Scherzer in die Sowjetunion, um die Veränderungen der Perestroika an der Basis zu studieren. In der Kleinstadt Kamyschin an der Wolga kann er tief in die Struktur des Landes und die Psyche der Menschen schauen. Ein Bericht, der die unbestechliche Beobachtung des Autors erneut bestätigt.

KiWi Paperbackreihe bei Kiepenheuer & Witsch